셔블
셔울
서울

셔블 셔울 서울
역사, 풍경, 시민을 위한 도시 건축 이야기

초판 1쇄 2023년 7월 21일 발행

지은이 전상현
펴낸이 김성실
책임편집 김태현
표지 디자인 위앤드
제작 한영문화사

펴낸곳 시대의창   **등록** 제10 - 1756호(1999. 5. 11)
주소 03985 서울시 마포구 연희로 19 - 1
전화 02)335 - 6121   **팩스** 02)325 - 5607
전자우편 sidaebooks@daum.net
페이스북 www.facebook.com/sidaebooks
트위터 @sidaebooks

ISBN 978 - 89 - 5940 - 816 - 0 (03910)

이 책에 수록된 이미지 자료의 출처 및 저작권자는 해당 이미지의 캡션에 기재하였으며, 저자가 직접 촬영하거나 그린 자료는 별도로 기재하지 않았습니다.

이 책의 본문 일부에 '을유1945' 서체를 사용했습니다.

저자는 이 책의 초고를 2023년 2월에 탈고하였습니다.

셔블 셔울 서울

역사, 풍경, 시민을 위한 도시 건축 이야기

전상현 지음

시대의창

1. 이 글에서 역사 경관(풍경)은 협의로는 조선 시대 경관을, 광의로는 조선 시대
   의 얼개를 갖춘 경관을 의미한다. 여기서 얼개는 주요 가로街路와 건물의 크기
   가 형성하는 경관의 기본 틀을 의미한다.
2. 이 글에서 이야기하는 역사 경관(풍경) 회복은 조선 시대로의 박제적 회귀가
   아닌 옛 경관의 큰 틀을 되찾는 것과 이를 통해 역사적 분위기와 경관의 아름
   다움을 회복하는 것을 의미한다.

우리는 유럽을 여행할 때 역사 도심을 찾는다. 그리고 아름다운 역사문화 풍경을 감상하며 그 분위기에 젖는다. 역사와 문화의 진원지이기에 가능한 일이다. 도시의 정체성과 개성은 역사 도심에서 드러난다.

반면 서울 사대문 도심은 정체성이 희미하다. 현대 도시로 개발된 덕에 역사적 풍모는 희미해졌고 역사 경관 고유의 매력도 사라졌다.

한때는 이 모습이 대견했다. 고도성장의 척도였기 때문이다. 하지만 시대가 바뀌었다. 정확히 이야기하면 우리의 위상이 달라졌다. 한류라는 표현에 익숙해졌고 우리는 선진국으로 공식 인정받았다.[1] 이제 서울은 후발 주자의 도시가 아니라 선두 주자의 도시다. 오히려 그로 인해 현재의 사대문 도심을 보며 대견한 발전이라고 자화자찬할 일만은 아닌 상황이다.

팔로워와 리더에게 기대되는 모습은 다르다. 선두 주자 대열의 도시들은 양이 아닌 질로 평가받는다. 품격을 본다는 이야기다. 품격은 목표지점을 향한 전투적 자세가 아닌 성찰로 성취된다. 태도의 전환이 필요한 이유다. 하지만 관성의 힘은 녹록지 않다. 반세기 이상 개발로 고도성장을 이룬 탓이다. 그 과정에서 깊은 성찰이 없었던 탓에 개발에 대한 권리는 거스르기 힘든 하나의 이데올로기가 되었다. 위상은 변했는데 관성은 그대로다.

사대문 도심을 대하는 태도는 2000년대 이후 탈脫맥락적 개발에서 벗어나기 시작했다. 하지만 한 번 생산된 도시는 쉽게 변하지 않는다. 게다가 관성 덕에 탈화脫化 의지도 소극적이다. 그 결과 사대문 도심은 여전히 역사 도심다운 안온한 풍모를 갖추지 못하고 문화유산 역시 개발 속 파편처럼 콜라주로 존재한다. 사대문 도심 풍경은, 역사문화 풍경인지 개발 풍경인지 혼란스럽다. 600년 역사 수도라는 말을 접할 때마다 구호와 현실 사이 어디쯤인가를 표현한 게 아닌가 생각하게 된다.

이 책은 사대문 도심의 과거와 현재를 이야기하고 바람직한 변화상을 제안한다. 그리고 변화의 추동력이 될만한 공감대 형성을 희망한다. 이는 현재 우리의 서울이 위상의 변화로 인한 새로운 담론을 생산해야 하는 변곡 구간에 있다는 판단과 새로운 방향으로 담론의 물꼬가 트일 때가 되었다는 바람을 바탕으로 한다.

전작《서울, 도시의 품격》에 이어 이번에도 가상 인터뷰라는 형식을 빌려 이야기를 전개했다. 문화부 기자가 애정 어린 시선으로 서울을 걱정하는 건축가를 심층 인터뷰한다. 이를 통해 다양한 주제를 아우르는 변주를 시도했다. 하지만 탈고를 하며 한 개인이 갖는 사유의 깊이와 폭에 한계가 있음을 인정하지 않을 수 없었다. 다소 부족한 부분이 있더라도 서울을 걱정하는 마음이 식견을 앞선 탓이니 너그러이 이해해주기를 바란다.

이 책이 숨 가쁘게 달려온 서울에 대한 성찰에 도움이 되기를 그리고 새로운 시각으로 사대문 도심을 바라보는 계기가 되기를 희망한다. 그리하여 필자의 사유를 넘어 조금 더 진일보한 담론이 꽃피기를 희망한다.

차례

1장

서울의
역사 풍경

역사 도심은 오래된 풍경 유전자다.

사대문 도심, 홀대받은 서울의 원형

안녕하세요. 오늘 이야기 나누기로 한 문화부 기자입니다.

네. 반갑습니다. 오늘 이야기 나눌 건축가입니다. 역사 도심 서울[1]의 건축에 대한 이야기를 많이 나누어보았으면 합니다.

오늘 주제는 그중에서도 사대문 도심입니다. 먼저, 이 주제를 선정한 이유를 말씀해주실 수 있을까요?

역사 도심은 한 나라 수도의 개성과 정체성을 드러냅니다. 하지만 사대문 도심을 보면 과연 그런가 하는 생각이 듭니다. 이 문제를 같이 생각해봤으면 합니다.

선생님 말씀에 공감합니다. 사대문 도심은 서울의 원형에 해당합니다. 서울의 정체성을 결정짓는 역사문화 중심지라 할 수 있지요. 하지만 이 구도심은 우리가 부러워하는 유럽의 구도심과는 매우 다릅니다. 20세기 내내 거듭된 개발로 도시의 기억이 많이 사라졌지요. 그래서 그런지 '600년 역사의 수도 서울'이라는 표현이 피부에 잘 와

닿질 않습니다.[2]

맞습니다. 사대문 안이라 해도 궁궐이나 북촌 같은 동네를 찾아가지 않는 한 역사 도심이란 말을 피부로 느끼기 쉽지 않습니다. 무분별한 개발로 시간의 흔적과 역사적 분위기가 많이 사라진 탓이지요. 그래도 다행인 건 1990년대 이후 이에 대해 반성하기 시작했고 2000년대 이후 사대문 도심의 정체성 회복 계획을 수립했다는 겁니다. 사대문 도심을 바라보는 시선이 현대화에 대한 열망을 담은 개발에서 역사 도심의 정체성 회복으로 이동했다고나 할까요?

그래도 크게 바뀐 게 없는 듯합니다.

소 잃고 외양간 고치는 격이니까요. 이미 사대문 도심 대부분은 역사문화에 대한 별다른 고민 없이 개발되었습니다. 조금 더 일찍 역사 도심의 정체성에 대해 고민을 했더라면 하는 아쉬움이 남습니다.

구체적으로 어떤 부분이 가장 아쉽습니까?

사대문 도심이기에 가져야 하는, 그리고 가질 수 있는 풍경을 잃어버린 게 제일 아쉽습니다.

그게 무슨 이야기인지요?

사대문 도심은 산으로 둘러싸인 분지형 도시입니다. 자연과의 조화를 뽐내기에 좋은 도시라 할 수 있습니다. 실제 과거의 한양은 이 점이 돋보이는 도시였습니다. 그 풍경이 일품이었지요. 그리고 이 풍경의 얼개는 해방 후까지도 어느 정도 유지됩니다. 하지만 산업화 시기 이후 크게 망가져요. 그러면서 역사 도심의 분위기와 정체성 모두 희미해지지요.

사대문 풍경의 얼개를, 그래서 풍경 고유의 매력을 잃어버렸다는 말씀이군요. 이걸 제대로 이해하려면 서울의 역사를 들여다봐야 할 것 같습니다.

맞습니다. 서울 풍경의 원형과 매력을 이해하려면 한양에 관한 이야기부터 해야 합니다.

그럼 시작해볼까요?

구한말 한양 풍경(1902~1904년 촬영 추정, 출처: 서울역사아카이브). 내사산(인왕산, 북악산, 남산, 낙산)의 능선을 따라 성곽이 들어선 커다란 산성 형태의 분지형 도시 한양은 도읍을 아늑하게 담아냈다. 이 아늑함이 바로 역사 도심의 풍경 유전자다.

낙산성곽길에서 본 현재의 사대문 도심 풍경. 내사산 안에서 아우성치는 빌딩 풍경은 역사 도심의 풍모와는 거리가 멀다. 역사 도심은 급변하는 시대와 고고하게 거리를 두어야 한다. 그래야 정체성을 유지할 수 있고 역사문화의 품격도 보여줄 수 있다.

새 술은 새 부대에: 한양(1)

한양은 조선 건국과 함께 수도가 되었습니다. 우리가 잘 알고 있는 역사적 사실이지요. 질문을 드리겠습니다. 건국과 함께 천도한 이유가 무엇입니까?

왕권의 안정화를 위해서였지요. 역성혁명으로 탄생한 왕권이라 불안정할 수밖에 없었거든요. 그래서 개경(지금의 개성)에서 한양으로 천도를 한 겁니다. 새 왕조의 탄생을 각인시키려고요.

천도로 강력한 메시지를 주려 했다. 그런 이야기지요?

그렇지요.

천도 말고는 메시지를 전달할 방법이 없었나요?

미디어가 발달하지 않은 상황에서는 건축이 사실상 유일한 미디어였어요. 그러니 새로운 수도를 건설하는 것만큼 확실한 메시지도 없었지요.

천도를 통해 새 정통성의 탄생을 천명하려 했다는 이야기지요?

그렇지요. 고려 왕조의 상징과 흔적을 지우고 새로운 상징을 만들어 지배층과 백성에게 새 왕조의 출발을 각인시키려 한 겁니다. 특히 기존 고려 세력에게 새 왕조의 출발을 각인시키려는 목적이 컸지요.

기존 세력의 저항을 염려한 건가요?

네. 역성혁명으로 최고위층은 바뀌었지만, 관료 대부분이 고려 시기의 사람들이었거든요. 그들의 기반이 있는 개경에 계속 머문다면 고려에 대한 향수로 다른 생각을 품을 수 있는 상황이었지요. 천도는 개경에 뿌리를 둔 기존 고려 세력의 영향력을 약화하고 새로운 정통성을 수용하게 할 수단이었어요.

개경에 기반을 둔 기득권층은 천도를 반대했겠네요.

그들만 반대한 건 아니었어요. 심지어 개국 공신들도 천도를 반대했어요.

왜 그런 거지요?

개국 공신들 역시 개경에 기반이 있었으니까요. 그리고 개경은 정궁을 포함해 수도 기능에 필요한 기반시설이 있었고 상업 활동도 활발

했어요. 그래서 상인들의 반대가 심했지요. 백성들도 천도를 반기지 않았을 거예요. 백성들 역시 천도에 필요한 공역에 대한 부담이 있을 뿐더러, 기존의 생활기반을 포기할 이유가 없었으니까요. 그럼에도 불구하고 천도는 논의를 시작한지 2년여 만에 성공합니다.

모두가 반대했는데 성공했네요.

이성계의 천도 의지가 강했거든요.

그렇게 반대가 심하면 의지를 꺾을 만도 한데요.

이성계는 천도하지 못하면 새 왕조가 오래가지 못하거나 신권에 휘둘릴 거라고 확신했어요. 그래서 모두의 반대에도 불구하고 천도를 밀어붙였지요.

그렇게 확신한 이유가 있었나요?

전례를 통해 천도의 필요성을 간파했던 것으로 보여요. 이성계는 예로부터 역성혁명에 성공한 임금은 반드시 도읍을 옮겼다며 천도를 강력히 추진했어요. 특히 고려의 전례가 이성계에게 큰 영향을 주었을 거예요.

고려의 전례요?

왕건도 태봉의 궁예를 몰아내고 고려를 건국했잖아요.[3] 이성계처럼 역성혁명을 한 거지요. 그런데 왕건이 왕위에 오른 직후 기존 세력들이 수차례 반란을 일으켜요. 건국 이듬해 철원에서 개경으로 천도한 후에는 큰 반란이 없었지요.

들고 보니 이성계가 천도 효과를 학습한 것이 큰 동인이었네요. 그런데 왜 한양이었지요? 한양이 수도로 낙점된 이유는 뭔가요?

몇 가지 이유가 있는데요. 실리적인 이유부터 살펴보면 한양은 군사적 방어에 유리한 지세를 갖추고 있었어요. 산으로 둘러싸인 데다 남쪽으로는 육로를 끊어주는 한강이 흐르고 있었지요. 한양은 수도로서 교통 기능에 유리한 면도 있었어요. 국토 중앙에 위치해서 육로와 수로를 이용하기에 유리했거든요. 특히 한강이 국토 중앙에 위치해서 조세 운반에 유리했어요. 과거에는 조세, 그러니까 농업 생산물을 대량으로 운송할 때 육로가 빈약해서 수운을 이용해야 했거든요. 게다가 한양은 이미 번성한 도시였어요. 한양은 고려 시절 4대 도시 중 하나였어요.[4] 수도는 아니었지만, 꽤 활기찬 도시였지요. 그러니 허허벌판으로 수도를 이전하는 것보다 한양으로 가는 것이 훨씬 나았을 거예요.

하지만 이 모든 실리적인 이유보다 중요한 건 풍수였어요. 태조가 천도의 이유로 들고 나온 것이 풍수였거든요. 개경의 지기가 쇠해 고려의 왕조가 망했으니 천도해야 한다는 논리였지요. 그러다 보니 천도의 대상지는 명당이어야 했어요. 그래서 천도가 결정될 때까지 여러 후보지를 놓고 태조와 신하들 사이에 명당 논쟁이 벌어져요. 사실 이 명당 논쟁은 천도하려는 이성계와 이를 반대하는 신하들 간의 명분 싸움의 성격이 강했지만 어쨌든 논쟁에서 살아남은 한양이 수도가 됩니다.

독자적 도시 유형: 한양(2)

일러두기 한양 도성은 풍수라는 단일변수로 조영되지는 않았을 것이다. 그럼에도 불구하고 이 글에서 도성 조영 원리로 '풍수'에 주목하는 이유는 풍수가 역사 경관의 정체와 매력을 가장 잘 설명해주는 변수이기 때문이다. 아울러 이 글에서 풍수 사상을 바탕으로 한양 도성의 조영과 풍경을 해석하는 견해는 전적으로 이기봉 박사의 저서 《임금의 도시》(사회평론, 2017)에 기반을 둔다. 이는 그의 견해가 한양 도성의 조영과 풍경을 이해하는 데 있어 지금까지 접한 어떤 해석보다 깊은 설득력을 보여주기 때문이다.

조선이 한양을 수도로 선택한 이유는 이해했습니다. 다음으로 궁금해지는 것은 도시계획입니다. 수도를 옮기려면 계획이 필요했을 텐데, 실제로 그런 게 있었나요?

있었지요. 한양 도성은 고대 중국의 기술서인 《주례고공기周禮考工記》의 도성 조영 원칙을 참조해서 만들었습니다. 다시 말해서 중국의 도시계획 이론을 참조해서 만든 거지요.

도성 조영 원칙의 내용이 궁금합니다.

도성 전체로 보면 사각형 틀 안에 중심축(왕궁)을 대칭으로 건물을 반듯하게 배열하는 것입니다. 왕궁을 중심으로 보면 전면에 조정을, 후면에 시장을, 좌측에 종묘를, 우측에 사직단을 두는 것을 말합니다. 줄여서 전조후시前朝後市 좌묘우사左廟右社라고 하지요.

그럼 과거 베이징도 그렇게 만들어진 건가요?

네. 구글맵으로 자금성 일대를 보시면 쉽게 확인할 수 있습니다. 같이 한 번 볼까요? 구글맵에서 자금성 일대를 보시면 자금성을 중심으로 사각형 형태의 제2순환도로2nd Ring가 보이지요? 이게 청나라 때 북경성의 외곽선이에요. 그리고 자금성을 중심으로 반듯한 격자형의 도로망이 펼쳐지지요? 전체적으로 보면 사각형 틀 안에 격자형 도로망을 갖춘 엄정한 도시 구조를 확인할 수 있어요. 또한 자금성의 정문인 오문을 등지고 좌측에는 태묘가, 우측에는 사직단이 있어요. 태묘는 명·청 시대의 황제와 황후의 위패를 모신 황실 사당이에요. 우리의 종묘에 해당하지요. 그리고 태묘 맞은편에 중산공원이 있는데 한가운데 평평한 석재 기단이 보일 거예요. 이게 사직단이에요. 사직단은 토지신과 곡신穀神에게 제사를 지내는 제단인데 우리도 경복궁 옆에 위치한 사직공원에 가면 볼 수 있어요. 크기는 조금 작지만 생김새는 비슷하지요.

북경성과 한양 모두 좌묘우사라는 원칙을 지켰네요.

그렇지요. 그런데 한양 도성은 나머지 원칙들을 따르지 않아요. 경복궁을 도성 중앙이 아닌 북서쪽에 두고 시장(운종가, 지금의 종로)도 궁궐 앞에 둬요. 전체적으로 보면 도성이 구불구불한 형태고 주요 도로망도 북경성만큼 엄정한 격자형이 아니지요.

왜 그런 거지요?

우선 지형이 달라요. 북경은 넓은 평야에 세워진 도시라 《주례고공기》의 도성 조영 원칙을 반영하기가 쉬워요. 반면 한양은 산으로 둘러싸인 분지에 세워진 도시라 그렇게 할 수 없었지요.

분지더라도 궁궐은 중앙에 배치할 수 있지 않았을까요? 그렇게 하면 북경성처럼 중심축을 대칭으로 좀 더 엄정한 도시 구조를 가질 수 있었을 텐데 말이지요. 도성 조영 원칙을 더 충실히 구현하려 했다면 그랬어야 하는 것 아닌가요?

물론이지요. 그런데 일부러 그렇게 안 했어요.

왜지요?

앞서 한양이 수도로 결정된 이유로 풍수를 언급했잖아요. 풍수에서는 산으로 둘러싸인 분지를 지기가 모이는, 그러니까 지기가 왕성한 땅으로 여겨 명당으로 간주해요. 산으로 둘러싸인 한양이 그런 곳이

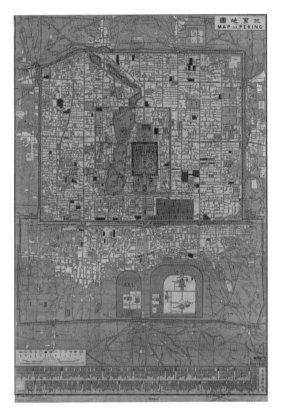

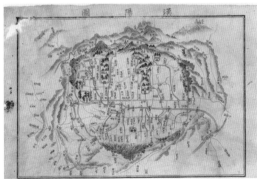

북경지도(1914, 출처: the Library of Congress, 위)와 한양도(18세기
중반 제작 추정, 출처: 서울역사아카이브, 아래). 질서에 충실한 북경성
과 지형에 충실한 한양 도성의 모습을 비교해 볼 수 있다.

지요. 그렇게 본다면 국가 존립에 중요한 시설들은 당연히 지기를 받아들이기 좋은 곳에 배치하는 것이 맞아요. 그래서 조선의 운명을 결정지을 법궁, 그러니까 경복궁을 수도 중앙이 아닌 북악산 산줄기 끝에 배치한 거예요. 종묘와 사직단도 마찬가지지요. 지도를 보시면 세 곳 모두 산줄기 끝에 있어요.

풍수 때문에 경복궁을 수도의 중앙이 아닌 북악산 아래에 두었다는 이야기군요. 그래서 중심축(경복궁)을 대칭으로 한 도시 구조를 만들 수 없었던 거고 전조후시의 원칙도 지킬 수 없었던 거네요.

그렇지요. 풍수 이야기를 조금 더 해보지요. 풍수에는 음택풍수와 양택풍수가 있어요. 음택풍수는 망자를 위한 것이고 양택풍수는 산 자를 위한 거예요. 다시 말해서 음택풍수는 무덤 자리를 찾는 거고 양택풍수는 거주할 곳을 찾는 거지요. 그리고 음택과 양택 모두 산 으로 둘러싸인 포근한 지세를 명당으로 여겨요. 지기가 모이는 곳이라 그래요. 이게 우리가 알고 있는 풍수에요. 그래서 풍수라고 하면 보통 지기를 찾는 것으로 이해해요. 맞는 말이에요. 그런데 이걸 동전의 양면처럼 다르게 설명할 수 있어요. 풍수는 음택풍수에서 출발했어요. 다시 말해 지배층의 무덤 자리를 찾는 것으로부터 시작되었지요. 그렇다면 과거에는 어떤 기준으로 무덤 자리를 찾았을까요? 망자의 권위를 유지할만한 무덤 자리를 찾았을 거예요. 신분 세습 사회에서는 망자의 권위가 유지되어야 신분을 이어받은 자의 권위도 유지된다고 생각했으니까요. 그래서 앞서 이야기한 명당, 그러니까 산이나 산줄기로 둘러싸인 공간을 무덤 자리로 썼던 거예요. 하늘에서 산을 통해 무덤으로 이어지는 풍경을 만들 수 있으니까요.

　과거에 하늘은 세상의 모든 뜻을 하달하는 신성한 존재였어요. 이런 하늘로부터 산으로 그리고 다시 무덤으로 이어지는 풍경은 자연스레 뜻을 부여받은 장엄한 모습으로 비추어졌을 거예요. 바꿔 말하면 권위가 연출되는 거지요. 그러니까 풍수는 망자의 권위를 시각적으로 연출하기 위한 목적으로 탄생한 거예요. 그리고 이런 음택풍수가 살아 있는 권력자를 위한 한양 도성의 양택풍수로 이어집니다.[5] 경복궁이 대표적인 예예요. 경복궁이 북악산 아래에 들어선 이유는 하늘에서 북악산을 거쳐 경복궁으로 이어지는 풍경을 만들기 위해서였어요. 다시 말해서 왕조의 권위가 하늘로부터 내려왔음을 장엄하게 연출하기 위한 것이었지요.[6]

경복궁을 수도 중앙에 두었다면 상대적으로 권위를 연출하기 어려웠겠네요. 그렇다면 풍수는 피지배층이 지배층의 권위를 자연스레 받아들이도록 하기 위한 풍경 연출 기법이라고 봐야 하나요?

그것이 지기 이면에 있는 풍수의 본모습이라고 봅니다.

그런데 궁궐을 산 아래 배치하는 건 방어에 불리한 거 아닌가요? 적들이 훤히 내려다볼 수 있잖아요.

맞습니다. 궁궐을 산 아래에 배치하는 건 방어 측면에서 좋은 선택이 아닙니다. 일차적으로 산이 적의 공격을 막아주지만 적이 산을 넘는다면 경사면 위에서 궁궐 안을 들여다보며 공격할 수 있기 때문이지요. 게다가 궁궐 밖이 안보다 높으면 궁궐을 쉽게 들여다볼 수 있어 신비감도 깨집니다. 그러면 권위도 사라지기 쉽지요. 이러한 이유로 다른 나라에서는 산 바로 아래에 궁궐을 배치하지 않았습니다. 대신 넓은 평야나 언덕 위에 두었지요. 그렇다면 잠재 위험과 단점에도 불구하고 궁궐을 산 바로 아래 두었던 이유를 추론해봐야 합니다. 그래서 풍수를 이야기한 겁니다.

듣고 보니 풍수가 우리네 도성 조영에 깊은 영향을 준 듯 보이네요. 그런데 풍수도 중국에서 온 거잖아요. 중국은 북경성을 조영할 때 풍수를 고려하지 않았나요?

중국은 우리처럼 풍수 지형(작은 분지)을 선택해서 도시를 만든 적이 없어요. 그래서 우리보다 풍수 적용이 소극적입니다. 자금성도 뒤쪽에 보시면 '경산'이라는 아주 조그만 산이 있어요. 풍수에서 북쪽으로 산을 등지고 남쪽에 거처하는 것이 좋다고 해서 인공적으로 조성한 산이지요. 그래서 높이가 50미터가 채 안 돼요.

풍수와 도성의 조영 원리 모두 중국에서 유입되었지만, 우리식으로 전개한 거네요.

문화라는 게 전파되면서 변화를 겪기 마련이니까요.

풍수와 조영造營 그리고 풍경
: 크기에 대한 이해(1)

이야기가 나온 김에 우리네 궁궐 이야기를 해보지요. 동서양을 막론하고 권위 연출이 필요한 건물은 보통 크게 짓는 것으로 알고 있습니다. 그런데 우리네 궁궐을 보면 작아 보입니다. 기분 탓일까요?

아니요. 실제 치수를 비교해보면 우리네 궁궐이 작은 것이 사실입니다. 경복궁의 정전인 근정전은 석재로 이루어진 월대와 목조 부분을 합쳐 높이가 대략 25미터입니다. 자금성의 정전인 태화전의 경우 40미터가 훌쩍 넘지요. 그리고 일본 오사카성의 천수각 높이는 축대를 포함해서 55미터입니다. 이집트의 쿠푸왕 피라미드 높이는 146미터, 인도의 타지마할은 65미터, 이탈리아의 밀라노 대성당은 108미터, 성 베드로 성당은 132.5미터지요. 확실히 우리네 궁궐이 작습니다.

우리는 왜 궁궐을 크게 짓지 않은 거지요?

뒤에 거대한 산이 있으니까요. 앞서 이야기한 사례들은 모두 뒤에

'*Kwōkwa-mon,*' FRONT GATE OF KEIFUKU PALACE, KEIJŌ (SEOUL).

경복궁 풍경(1900년 전후 촬영 추정, 출처: 서울역사아카이브). 북악산을 등에 업은 경복궁은 크기가 아닌 풍경으로 권위를 연출한다.

거대한 산이 없습니다. 덕분에 온전히 건물의 몸집으로 권위를 연출해야 하지요. 그래서 거대하게 지은 겁니다. 반면 우리는 뒤에 산이 있으니까 그럴 필요가 없었지요. 앞서 이야기한 것처럼, 산의 웅장함을 배경으로 적당한 크기의 궁궐을 배치하면 권위를 효과적으로 연출할 수 있었으니까요. 다시 말해서, 우리는 단일 건축물이 아닌 풍경으로 권위를 연출해서 궁궐을 크게 지을 필요가 없었던 겁니다.

그런데 궁궐이나 성당같이 권위가 필요한 건축물을 유독 크게 짓는 이유는 뭡니까?

두 가지 측면에서 설명할 수 있어요. 우선 믿음이란 측면에서 보면 앞서 설명한 것처럼 과거에는 동서양을 막론하고 하늘과 교감하는 자가 권위를 부여받는다고 믿었어요. 그래서 권위가 필요한 이들이 하늘에 최대한 가까워지도록 건물을 높게 지었지요. 그래야 사람들에게 하늘로부터 권위를 부여받았다는 메시지를 줄 수 있으니까요. 그리고 인지심리학 측면에서 보면 은유적 연상으로 설명할 수 있어요. 우리는 어린 시절 우리보다 크고 힘이 센 어른의 보살핌을 받았어요. 그리고 이 경험을 통해 '중요한 것은 크다'라는 은유적 연상을 내면화하지요. 마찬가지로 성장 과정에서 경험을 통해 '튼튼한 것은 무겁다'라는 은유적 연상도 내면화합니다. 그래서 크고 무거운 걸 보면 중요하고 오래갈 것처럼 느끼지요. 인간은 이 은유적 연상으로부터 자유롭지 못합니다. 우리도 이 사실을 직감적으로 알고 있지요. 그래서 권위를 드러내려는 자가 크고 무거운 건물을 짓는 겁니다. 오랫동안 존재할 중요한 존재라는 걸 각인시키시려고요.

그걸 거대한 산으로 해결한 거네요.

그렇지요. 사실 이렇게 풍경으로 권위를 연출하는 경우는 세계적으로 유례를 찾기 힘들어요. 그래서 유독 우리네 궁궐이 작은 거예요.

이야기를 종합해보면 우리는 풍수 사상을 바탕으로 분지를 골라 수도로 삼고 산을 배경 삼아 궁궐을 지은 거네요. 그래서 우리네 궁궐이 다른 나라의 궁궐보다 상대적으로 작은 거고요.

그렇지요. 그런데 이 풍수 사상이 궁궐뿐 아니라 도성 안 건물 크기에도 전반적으로 영향을 미쳤다고 봐요. 마치 현대 도시계획의 지침처럼 말이지요.

그게 무슨 이야기지요?

풍수 사상은 산이 많은 곳을 양으로, 산이 드문 곳을 음으로 여깁니다. 그래서 산이 많은 곳에는 높은 건물을 짓지 않는 것을 원칙으로 하지요. 음양의 조화를 중히 여기기 때문입니다. 그래서 과거 한양도성에서는 높은 건물을 보기 어려웠습니다. 자세히 보면 한양성곽역시 높이가 낮습니다. 10미터도 채 안 되지요. 이는 다른 나라의 성곽과 비교할 때 매우 낮은 것입니다. 성곽의 기능이 방어라는 점을 볼 때 이해하기 어려운 높이지요.

한양성곽 북악산 구간(일제강점기 촬영 추정, 출처: 서울역사아카이브, 왼쪽)와 한양성곽 동대문 구간(19세기 말 촬영, 출처: 서울역사박물관, 오른쪽). 한양성곽(음)은 산(양)과 조화를 이루기 위해 능선과 평지 모두에서 키를 적당히 낮추었다.

한양성곽은 산의 능선을 따라가니까 그런 거 아닌가요?

물론 능선을 따라 늘어선 성곽은 아래 경사면이 있어 높이를 좀 낮추어도 괜찮습니다. 하지만 평지 구간의 성곽까지 낮춘 것은 방어라는 측면에서 이해하기 어려운 부분입니다. 그렇다면 방어 이상으로 중히 여긴 무언가가 있었다고 봐야 합니다. 그래서 성곽의 높이 역시 풍수, 그러니까 음양의 조화를 우선시했다고 보는 겁니다.

한마디로 풍수가 한양 도성의 조영 원리였던 거네요.

그렇지요. 과거 도시에 가장 중요한 기능이었던 물리적 방어 기능까지 양보할 정도로 풍수가 도성 조영 전반에 영향을 미쳤던 거지요. 덕분에 풍수가 추구한 음양의 조화가 지형과 건축의 관계로 나타나 아늑하고 조화로운 풍경이 탄생한 거고요.

환경과 기술: 크기에 대한 이해(2)

앞서 우리네 전통건축물이 작은 이유를 풍수로 설명하셨습니다. 하지만 자연지리적 조건이나 기술의 발전 같은 좀 더 현실적인 이유로 접근해볼 필요가 있다고 생각합니다. 우선 일전에 들은 이야기를 질문 드리겠습니다. 우리네 땅에서 나는 돌은 대부분 화강암이라 단단해서 석조 대신 목조 건축을 하게 되었고, 그래서 건물이 작을 수밖에 없다는 이야기가 있습니다. 어떻게 생각하시는지요?

그런 오해를 많이들 종종 합니다. 우선 돌 이야기부터 해보지요. 한반도의 돌은 대부분 화강암입니다.[7] 단단하지요. 반면 유럽의 돌은 대부분 석회암과 대리석입니다. 화강암에 비하면 상대적으로 약하지요. 그래서 이러한 자연지리적 환경을 이유로 서양은 석조 건축을, 우리는 목조 건축을 하게 되었다고 이야기합니다. 다시 말해서 우리가 화강암을 다루기 어려워서 목조 건축을 하게 되었다는 이야기지요. 하지만 설득력이 떨어지는 이야기입니다. 화강암은 세계 곳곳에서 사용된 건축자재였습니다. 우리라고 화강암을 다루지 못할 이유는 없었지요. 앞서 이야기한 한양성곽과 우리가 자랑하는 석굴암과 불국사 석축 모두 화강암으로 만든 건조물입니다. 선조들은 석탑 대부분을 화강암으로 건조했지요.

우리가 돌을 잘 다루었다는 이야기지요?

네. 우리는 불교가 사회의 중심에 있던 시절 석탑을 많이 세웠습니다. 그래서 석탑의 나라라 불리기도 했지요. 게다가 돌을 다루는 기술도 뛰어났습니다. 일례로 백제 말기에 지어진 미륵사지 석탑은 목조 건축을 재현한 듯 정교하게 축조되었습니다. 섬세한 맛이 일품이지요. 그러니 돌을 다루기 어려워서 우리네 전통건축이 목조 건축이됐다는 이야기는 설득력이 떨어질 수밖에 없습니다.

그럼 우리네 전통건축이 목조 건축이라 작을 수밖에 없다는 이야기는 맞는 건가요?

그것도 오해입니다. 사실 목조 건축, 그러니까 가구식 건축은 다층으로 집을 짓기에 유리한 측면이 있습니다. 무거운 돌이나 벽돌을 일일이 쌓아 올리는 것보다 가벼운 목재를 결구하는 것이 상대적으로 용이합니다. 삼국시대에는 고층 목탑들이 많았던 것으로 보입니다. 신라의 황룡사지 9층 목탑의 경우 문헌 기록상 추정 높이가 80미터 정도 되지요. 그러니 우리네 전통건축이 목구조라서 작을 수밖에 없다는 이야기도 설득력이 떨어지는 이야기입니다.

우리네 전통건축이 목조 건축이 된 이유는 무엇인가요?

익산 미륵사지 서석탑(백제 말기 건립, 높이 14.2미터, 화강암, 2019년 촬영, 출처: 국가문화유산포털). 한국 석탑의 시원으로 불리는 석탑으로 목조 건축의 특징을 정교하게 재현했다. 남아 있는 석탑은 6층이나 원형은 9층으로 추정된다.

상식적으로 추론해보지요. 과거에는 건축 재료를 자연에서 얻을 수밖에 없었습니다. 크게 보면 나무, 돌, 흙, 이 세 가지밖에 없었지요. 이 중에서 구조체가 될만한 다루기 쉬운 재료는 나무입니다. 돌은 채석해서 가공해야 하고 나무와 비교하면 운반도 어렵습니다. 흙은 내구성에 대한 염려로 구조체로 자리 잡기 힘들었습니다. 이를 해결하려면 흙을 불에 구워 벽돌로 만들어 사용해야 하는데 나무를 사용하는 것보다 번거로웠을 겁니다. 다시 말해서 특별한 자연환경적 혹은 문화적 이유가 없다면 나무로 집을 짓는 것이 지극히 합리적인 선택이었다는 겁니다.

　한옥의 기원이라는 측면에서 연구자들의 견해를 바탕으로 추론해

보면, 우리가 흔히 이야기하는 한옥, 그러니까 기와지붕을 얹은 목조 건축은 고대 중국에서 한국으로 그리고 다시 일본으로 전파된 건축 양식입니다. 그러니까 우리가 목조 건축을 하게 된 이유를 찾으려면 중국이 목조 건축을 하게 된 이유를 추론해봐야 합니다. 중국에서 목조 건축이 자리 잡은 건 황허강과 장강 유역의 목조 건축이 전국으로 퍼진 결과로 보입니다. 특히 장강 유역의 목구조가 영향이 컸던 것으로 보입니다. 그렇다면 장강 유역에서 목조 건축이 자리 잡은 이유는 뭘까요? 고온 다습한 기후와 장마(많은 강수량) 때문일 겁니다. 고온 다습한 기후에서는 통풍이 중요합니다. 다시 말해서 집을 지을 때 개구

개성 경천사지 10층 석탑(고려 말 건립, 높이 13.5미터, 대리석, 출처: 위키피디아, 왼쪽)과 서울 원각사지 10층 석탑(조선 초 건립, 높이 12미터, 대리석, 저작권자: 한국학중앙연구원·김연삼, 오른쪽). 우리네 석탑 대부분이 화강암으로 건조된 데 비해, 두 석탑은 대리석으로 건조되었다. 이렇듯 우리 민족은 화강암과 대리석 모두 잘 다루었다.

부를 크게 만들 필요가 있는 거지요. 그래서 가구식 구조에 유리한 목재를 선택했을 겁니다. 그리고 장마가 지내력을 약화시키다보니 상대적으로 가벼운 목구조를 선택하는 것 또한 자연스러운 일이었고 요. 거기다 많은 강수량을 고려해서 경사진 기와지붕을 얹었겠지요. 이러한 기본 구조가 중국의 목조 건축으로 발전하고 기후가 비슷한 동아시아로 전파되어 각자의 상황에 맞게 정착해갔을 겁니다.[8]

그럼 서양은 왜 목조 건축이 자리 잡지 못한 거지요?

글쎄요. 서양의 경우 기념비적인 신전이 필요했기에 석조 건축이 자리 잡게 되었다는 주장이 있습니다. 저는 이 주장이 꽤 설득력 있다고 봅니다. 앞서 이야기한 것처럼 권위가 필요한 신전은 크고 무거워야 했을 것이고 그렇다면 건축자재로 석재가 제격이었을 겁니다. 지배층은 다른 건축에서도 석조 건축을 이어갔을 거고요. 권위나 부 (힘)를 드러내고 싶었을 테니까요. 그러면서 조적 건축(내력벽 건축)이 서양 건축을 주도하게 되었을 겁니다.

그렇군요. 다시 우리네 이야기로 돌아가지요. 일전에 이런 이야기도 들었습니다. 조선 시대에 온돌이 궁궐뿐 아니라 전 계층의 살림집에까지 자리 잡았고 그래서 조선 시대 건축이 모두 단층이 되어 건물이 작아진 거라는데, 이건 맞는 이야기인가요?

어느 정도 맞는 말입니다. 하지만 온돌을 단층 건축의 결정적 이유로 보기는 어렵습니다. 한, 중, 일 삼국을 비교해보면 알 수 있지요. 삼국 중 우리나라만 온돌(전면 구들)을 사용했습니다. 하지만 삼국의 목조 건축 모두 단층을 기본으로 하지요.

중국과 일본은 온돌을 사용하지 않았나요?

온돌은 고대 한반도 북부를 중심으로 발전한 난방 방식입니다. 구체적으로는 구들에서 전면 구들(온돌)로 발전했고 상류층에서 하류층으로 전파되면서 조선 시대에 이르면 보편적 난방 방식이 되지요. 그렇다고 우리나라에서만 온돌을 사용한 건 아닙니다. 중국 북부 지역에서도 구들을 사용했지요. 다만 중국의 경우 실내 면적의 3분의 1에서 절반 정도를 침대처럼 높여 구들을 만들었지요. 이걸 캉炕이라고 합니다. 그리고 일본의 경우 5, 6세기경 한반도에서 건너간 사람들이 구들을 전파하지만, 기후상 유용성이 낮아 곧 사라집니다. 정리해보면 우리만 구들을 적극적으로 발전시켜 보편적 난방 방식으로 만든 겁니다. 그래서 우리네 건축의 대표적 특징 중 하나로 온돌을 꼽는 거고요.

그렇군요. 그런데 온돌이 결정적으로 단층을 만든 것이 아니라면 무엇이 삼국의 목조 건축을 단층 중심의 건축으로 만든 걸까요?

글쎄요. 지붕이 하나의 요인이 아닐까 싶어요.

경복궁 근정전(출처: 국가문화유산포털). 유려한 곡선의 지붕을 빼고 우리네 전통건축을 상상하기란 어려운 일이다.

지붕이요?

네. 동아시아 건축에서 지붕은 상당히 중요한 요소입니다. 앞서 이야기한 것처럼 서양의 전통건축은 석재와 벽돌 중심의 조적식 건축인 반면 동아시아 전통건축은 목구조의 가구식 건축이지요. 그래서 그런지 서양 건축은 어떻게 아름답게 쌓아 올렸는지 보여주는 데 집중하는 반면 동아시아 건축은 유려한 형태의 지붕을 만드는 데 집중합니다. 상상해보면 쉽게 이해할 수 있습니다. 유럽 건축은 지붕을 지워도 볼만하지만, 동아시아 목조 건축은 그렇지 못합니다. 기와지붕을 지우면 볼 게 없지요. 바꿔 말하면 그만큼 동아시아 건축에서 지붕이 차지하는 비율과 비중이 높은 겁니다. 그런데 이 지붕이 상당히 무겁습니다. 한옥의 기와지붕을 보면 목구조 위에 두꺼운 흙을 얹고 기와를 깔았는데 그 무게가 상당합니다.[9] 그러다 보니 지붕을 높이 올리는 게 부담이 됐을 겁니다. 그리고 건물을 수평으로 넓게 짓는 것도 부담이었겠지요. 지붕이 그만큼 커져야 해서 하중 부담은 물론 가분수가 될 수 있기 때문입니다.

서양 건축이 육중한 몸체 위에 지붕을 얹는 구조라면 동아시아 건축은 가벼운 몸체에 무거운 지붕을 얹는 구조라는 이야기지요? 그래서 지붕을 높게 올리거나 크게 만드는 것이 상대적으로 부담이 됐을 거란 이야기고요.

그렇지요.

하지만 앞서 말씀하신 자금성의 태화전이나 황룡사지 9층 목탑을 떠올려보면 기와지붕의 목조 건축 역시 얼마든지 넓고 높게 지을 수 있지 않았을까요? 그리고 방금 말씀하신 가분수에 대한 부담도 태화전처럼 기단을 높게 만들거나 목탑처럼 지붕을 켜켜이 나누면 해결할 수 있지 않았을까요?

맞습니다. 기와지붕이 무겁다고 해도 필요하면 건물을 넓게 혹은 높게 지을 수 있었을 겁니다. 하지만 꼭 필요한 경우가 아니라면 그렇게 하지 않았을 겁니다. 앞서 이야기했듯 우리네 건축은 무거운 기와지붕을 얹은 가구식 목구조입니다. 목구조는 조적조에 비해 구축은 용이하지만 안정감이 떨어집니다. 지붕의 무게가 증가하거나 높이 올라가는 것이 부담스러울 수밖에 없지요. 그래서 별다른 이유가 없다면 넓은 면적의 공간이 필요할 경우, 여러 채의 소규모 단층 건물을 지었을 겁니다. 그래서 삼국의 목조 건축이 소규모의 단층 중심으로 발전했다고 추론해보는 거지요.

특수해가 아닌 일반해를 구하는 관점에서 지붕을 보란 이야기군요.

그렇지요.

지붕 하나로 한옥의 배치까지 설명되네요.

맞습니다. 거기다 살을 붙이면 한옥의 공간적 특징까지 설명할 수 있습니다. 방금 이야기했듯 과거 우리는 넓은 면적의 공간이 필요할 경우, 여러 채의 소규모 단층 건물을 지었을 겁니다. 그러다 보니 채와 채 사이의 외부 공간이 여러 곳 생겼을 거고, 또 가구식 구조의 특성을 활용해 개구부(창호)를 크게 만들어 실내를 개방하다 보니 치안과 프라이버시 보호를 위해 담도 필요했을 겁니다. 그래서 여러 채의 건물과 담이 어우러져 내외부가 관계를 맺는 건축 형식이 자리를 잡았다고 추론해볼 수 있습니다. 이러한 추론은 여름의 고온 다습한 기후에 필요한 통풍 측면에서 봐도 합리적인 전개 방식입니다.

설득력 있는 추론이네요.

삶에 대한 태도: 크기에 대한 이해(3)

조선 사회를 지배했던 유교 사상이 '검약儉約'을 중시했고, 그래서 양반들이 건물을 소박하게 지은 거라고 들었습니다. 맞는 말인가요?

그런 측면도 있었다고 봅니다. 한 사회를 지배한 사고방식이 건축에 영향을 미치는 것은 자연스러운 일이니까요. 하지만 검약 정신의 영향력은 크지 않았던 것으로 보입니다. 조선 시대에는 가사 제한이 있었습니다. 신분에 따라 집의 크기와 치장에 제한을 두는 제도였지요. 이 제도는 검약 정신을 바탕으로 가옥의 크기와 치장을 제한했습니다. 하지만 사료를 보면 가사 제한을 넘어 집을 크게 짓고 치장하는 일이 많았던 것으로 보입니다.

삶의 지향점이 욕망을 이기지 못한 거군요.

그렇지요. 물론 검약 정신을 실천한 선비들도 있었습니다. 높은 자리에 있는 선비가 초당에 만족하며 사는 일도 있었지요. 하지만 소수에 불과했던 것으로 보입니다.

그렇군요. 그럼 범위를 조금 넓혀서, 동양적 사고가 우리네 건축에 미친 영향은 없나요?

미국의 사회심리학자 리처드 니스벳Richard E. Nisbett의 분석에 따르면 동아시아 사람들은 순환론적 사고를 합니다. 한 마디로 달이 차면 기우는 법이라 생각하는 거지요. 다시 말해서 영원성을 추구하기보다는 회귀를 자연스레 받아들이는 겁니다. 과거 동아시아인들의 건축에 대한 태도 역시 이러한 사고방식의 연장선에 있었던 것으로 보입니다. 영원(성)을 추구하기보다는 한정된 삶을 담을 한시적이고 소박한 집을 지으면 충분하다고 생각했던 거지요.

삶에 대한 태도가 우리네 건축에 영향을 주었다는 거지요?

네. 큰 영향력을 끼친 건 아니겠지만요.

어쨌든 한 사회를 지배하는 사고가 건축에 영향을 미칠 수밖에 없을 것 같습니다.

건축이라는 현상은 그 시대의 사고방식과 연결되어 있으니까요. 이런 관점에서 보면 동서양 건축 형식의 차이도 리처드 니스벳의 분석을 바탕으로 설명해볼 수 있습니다.

건축 형식의 차이요?

그의 분석에 따르면 동서양은 서로 다른 사고방식을 가지고 있습니다. 서양인들은 세상을 상호 독립적인 요소들의 조합으로 인식하는 반면 동양인들은 세상을 거대한 하나의 장場으로 봅니다. 구성 요소들이 서로 연결되어 있다고 보는 거지요. 다시 말해서 서양인들은 사물을 지각할 때 주변 맥락을 무시하고 사물 자체에 초점을 맞춥니다. 반면 동양인들은 전체 맥락 속에서 사물을 지각하지요. 간단히 이야기해서 서양인은 원자적 사고를, 동양인은 맥락적 사고를 한다고 볼 수 있습니다. 그리고 이러한 사고방식의 차이는 동서양 건축 형식의 차이와도 잘 맞아떨어집니다. 서양의 건축은 하나의 건물을 만드는 데 집중합니다. 유럽의 옛 성당이나 궁전 모두 하나의 완성체로 볼 수 있지요. 반면 우리네 건축은 여러 채의 건물이 외부공간과 관계를 맺습니다. 서양 건축처럼 오픈 스페이스를 배경으로 건물이 주인공이 되는 것이 아니라 여러 채의 건물이 외부공간과 화학적 결합을 통해 상호 의존적으로 하나의 장을 형성하지요. 그래서 어느 한 부분을 떼어내기가 매우 어렵습니다.

사고의 차이가 건축 형식의 차이와 잘 맞아떨어지네요. 그런데 동서양의 사고방식이 다른 이유는 무엇인가요?

리처드 니스벳의 분석에 따르면 자연환경이 주된 이유입니다. 서양 문명의 발원지인 그리스와 동양문명의 발원지인 중국의 자연환경의 차이가 경제구조의 차이로 그리고 사고방식의 차이로 이어졌다는 겁니다. 고대 중국의 자연환경은 농경(벼농사)에 적합했습니다. 반면 그리스의 자연환경은 수렵과 목축, 무역에 적합했지요. 게다가 그리스의 토양과 기후는 농경이 아닌 포도주와 올리브 생산에 유리했습니다. 이러한 이유로 고대 중국과 그리스는 서로 다른 경제구조를 갖게 됩니다. 이런 경제구조의 차이가 서로 다른 사고방식을 형성하게 되지요. 중국인들의 경우 협업이 필수인 농경 생활을 통해 관계를 중시하는 맥락적 사고방식을 갖게 되었고 스스로 가축 기를 곳을 정하고 무엇을 팔지 결정한 그리스인들은 대상 자체에 집중하는 사고방식을 갖게 됩니다.

미국의 행동학자 토머스 탈헬름Thomas Talhelm도 같은 맥락에서 동서양의 사고방식 차이를 설명합니다. 그의 분석에 따르면 기후 특성상 동양에서는 벼농사를, 서양에서는 밀농사를 지어왔습니다. 일조량과 강수량이 부족한 유럽에서는 벼농사가 어렵기 때문이지요. 그런데 이 두 농사의 성격이 매우 다릅니다. 벼농사는 관개 작업이 필요하고 밀농사에 비해 노동량도 두 배나 필요합니다. 그래서 협업이 필수지요. 반면 밀농사는 관개 작업이 필요 없고 노동량도 상대적으로 적기 때문에 혼자서도 할 수 있습니다. 그래서 다른 이와의 관계가 그리 중요치 않습니다. 이러한 농경문화의 차이가 상호 관계에 집중하는 동양의 집단 문화와 개인에 집중하는 서양의 개인주의 문화로 귀결되었다는 것이 탈헬름의 설명입니다.

자연환경의 차이가 사고방식의 차이로 귀결되었다는 이야기네요.

그렇지요.

지금까지의 이야기를 종합해보면 건축에 영향을 미치는 요소는 기후부터 풍수와 사고방식까지 다양한 듯 보입니다. 그래서인지 우리네 전통 건축이 비교적 작은 이유를 명쾌하게 이해하기 어렵습니다.

문화적 현상은 수학이나 과학과 달리 일대일의 필연 관계로 설명하기 어렵습니다. 다양한 관점의 설명이 가능하고 또 다양한 요소가 복합적으로 작용한 결과로 볼 수 있기 때문이지요. 그래서 다양한 해석이 나올 수 있는 겁니다. 우리네 건축이 비교적 작은 이유를 명쾌하게 설명하려는 것은, 매력적이지만 위험한 일입니다.

한양, 조화로운 풍경 도시

우리네 건축이 작은 이유에 관해 이런저런 이야기를 나누어봤습니다. 결과만 놓고 보면 산세에 어울리는 크기의 건물과 성곽 덕에 한양의 풍경이 꽤 아름다웠을 것 같습니다. 언젠가 구한말 한양의 모습을 담은 사진을 봤는데 참 평온하게 느껴지더라고요.

맞습니다. 제가 하고 싶은 이야기가 바로 그겁니다. 한양 도성의 과거 모습은 내사산의 능선을 따라 나지막한 성곽이 들어서고 그 안에 건물들이 포근하게 담겨 그 풍경이 아늑하고 조화로웠습니다.

그러니까 산세와 어우러지는 크기의 건물과 성곽이 아름다운 도성 풍경을 만든 일등 공신이라고 보시는 거지요?

맞습니다. 다만 몇 가지 부가적 요인 역시 도성 풍경을 아름답게 만드는 데 일조했다고 봅니다.

그게 무엇이지요?

경복궁의 온화한 지붕선들이 완만한 산세와 어우러진다.

두 가지를 언급할 수 있는데요. 우선 한국의 산들은 형성 단계상 노년기에 접어들어 경사가 완만합니다. 우리네 전통건축의 지붕선 역시 온화한 곡선을 품고 있지요. 그래서 우리네 산세와 잘 어우러집니다. 이런 이유로 한양의 풍경은 산세와 지붕선이 어우러지는 한 폭의 풍경화처럼 보였을 겁니다. 그리고 과거에는 건축의 형식과 재료가 통일되어 있었습니다. 거기에 크기까지 비슷했지요. 이런 이유로 한양의 풍경은 통일 속 변화를 보여줬을 겁니다. 그래서 도성의 모습이 좀 더 아름답게 보였을 겁니다.

통일 속 변화가 아름다움을 느끼게 한다? 좀 더 설명해주시지요.

파리의 모습을 한 번 떠올려 보세요. 우리가 파리를 보며 아름답다고 느끼는 이유가 뭘까요? 파리의 가로를 자세히 보면 크기와 형식 그리고 재료가 어느 정도 통일돼 있어요. 같은 모양의 지붕을 가진 건물이 연이어 붙어 있고 난간도 연속되지요. 그렇다고 건물들이 다 똑같이 생긴 건 아니에요. 큰 틀에서 조금씩 차이를 보이지요. 그게 바로 통일 속 변화에요. 바로 그 통일 속 변화가 휴먼스케일(인간적 척도)의 가로를 바탕으로 파리를 아름답게 만드는 겁니다.

파리처럼 과거 한양도 통일 속 변화를 보여주어 아름다웠는데, 지금은 전혀 그렇지 않다는 말씀이군요.

네. 과거 한양은 산세와 어우러지는 적정한 크기의 건물들이 질서 안에서 변화를 보여줬습니다. 반면 현재의 사대문 도심 건물들은 모양과 크기 그리고 마감이 다 제각각이지요. 무엇보다도 문화유산을 압도하거나 산세에 맞서는 건물들이 많습니다. 한 마디로 풍경의 조화가 완전히 깨졌지요.

전체 풍경을 고려하지 않은 마구잡이 개발로 사대문 풍경이 망가졌다는 이야기네요.

그렇지요. 그러면서 역사 도심의 정체성도 희미해졌습니다.

2장

사라진
풍경 도시

역사 도심이란 역사문화에 대한 시민의 향유권을 보장하는 도시다.

탈脫풍경적 개발에 대한 변명

본격적으로 현재의 사대문 도심을 한 번 이야기해보지요. 사대문 도심이 산업화 시절 본격적으로 정체성을 잃기 시작했다고 하셨습니다. 그 이야기는 당시 우리가 사대문 풍경의 정체성을 제대로 관리하지 못했다는 것인데 그 이유가 무엇입니까?

근본적으로는 세계 무대에서 뒤처진 후발 주자가 가진 조급함과 서구 콤플렉스 때문이었다고 봅니다. 다시 말해서 서구적 현대화를 통해 발전된 국가의 모습을 갖추고자 하는 열망이 컸기에 우리네 도시 풍경을 고민할 여유가 없었던 거지요. 이걸 당시의 정치적 상황으로 설명하면, 쿠데타로 정권을 잡은 군부가 정당성 획득을 위해 경제개발에 매진하고 그 과정에서 일말의 의심 없이 서구의 도시개발 모델을 따라 서울을 개발한 거지요.

서구의 도시개발 모델이 사대문 도심과는 안 맞았다는 이야기인가요?

맞습니다. 당시 세계를 지배하던 서구의 도시개발 모델은 지역성을

1950년 6.25 직전 서울시 전경(출처: 서울역사아카이브). 본격적인 산업화에 진입하기 전 사대문 도심은 역사 도심의 큰 얼개를 유지하며 안온한 모습을 유지하고 있었다. 참고로 두 사진은 이어지는 구도로, 위에서는 북악산과 조선총독부 건물, 아래에서는 종묘를 확인할 수 있다.

무시한 채 기계적 효율성을 추구했습니다. 지금 통용되는 도시개발 모델도 크게 다르지 않지요. 사대문 도심에서는 경계하며 수용했어야 하는데 그러지 못했습니다.

당시에는 어느 분야나 그랬겠지만, 도시 건축 분야의 지적 토대가 취약하지 않았나요? 그렇다면 앞선다고 생각되는 것부터 따라 할 수밖에 없지 않았을까요?

그렇지요. 그러고 보면 과거 서울의 정체성을 고민하지 못한 건 시대 흐름상 자연스러운 일이었을지도 모릅니다.

상황을 종합해보면 이해할만한 일이라는 생각이 듭니다.

네. 과거를 평가할 때는 당시의 전후 문맥을 살펴봐야 합니다. 현재 시각으로 비판해서는 안 되지요. 사대문 풍경의 정체성을 지키기 어려웠던 이유를 하나 더 이야기하면 산업화 시절 서울은 급속한 인구 유입과 발전으로 고밀화에 대한 압박을 받고 있었습니다. 이런 상황에서 사대문 풍경을 고민하는 건 쉽지 않았을 겁니다. 공간의 양적 공급이 최우선 과제였으니까요.

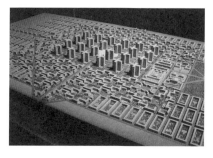

현대 도시개발 모델의 모태라 할 수 있는 르 코르뷔지에의 빛나는 도시계획안(1930년대). 상업지역의 고층 빌딩과 주거지역의 공동주택을 격자형 도로망으로 연결하는 이 청사진은 지역성을 배제한 채 기계적 효율성을 추구하는 탈脫맥락적 도시개발의 이상향을 보여준다.

여의도 윤중제 공사현장(1968, 출처: 서울역사아카이브). 공산주의와 싸우며 경제를 건설하자는 의미의 구호는 개발독재 시대의 국정 목표를 선명하게 보여준다. 이러한 전투적 분위기에서 문화적 사고는 사치에 불과했을 것이다.

그때가 우리 근현대사에서 도시개발이 본격화한 시기지요?

네. 보통 한 사회가 산업화 시기로 진입하면 도시로 인구가 급속도로 유입되면서 도시개발이 진행됩니다. 우리의 경우 대략 1960년대부터 1980년대까지가 그 시기에 해당하지요.

그렇군요. 1970년대 강남 개발도 그렇고, 그 시절 개발은 반문하기 어려운 일종의 숙명이었군요.

그렇지요. 한 마디로 필연적인 개발 드라이브 시대였지요.

탈풍경화의 대표 주자들
: 정부서울청사, 힐튼호텔,
서울스퀘어빌딩, 종로타워

사대문 도심을 더 들여다보지요. 사대문 도심 풍경을 해치는 대표적인 건물을 꼽자면 뭐가 있을까요?

세 건물만 꼽아보지요. 첫 번째로 광화문 바로 앞에 있는 정부서울청사입니다. 이 건물은 1970년에 준공된 지상 19층짜리 빌딩입니다. 장변이 약 100미터 정도로 장대한 직사각형 형태의 고층 빌딩이지요. 이 빌딩은 북악산에서 경복궁으로 이어지는 스카이라인에 생뚱맞게 맞서며 '경복궁 풍경'을 깨뜨립니다. 경복궁 안에서 봐도 마찬가지지요. 경복궁 안에서 광화문 방향을 바라보면 고층 빌딩이 궁궐 안 풍경과 마찰을 일으키며 역사 경관으로의 몰입을 방해합니다. 한 마디로 정부서울청사는 정말 예의 없는 빌딩입니다.

그런데 당시의 시각으로 보면 이해할만한 일 아닌가요? 장대한 공공청사를 통해 발전된 모습을 보여주고 싶은 열망이 있었을 것 같은데요. 당시의 도시개발 모델로 봐도 이해할만한 일이고요.

경복궁을 위압하는 정부서울청사. 공공 청사가 경복궁 바로 앞에서 이리 위세를 부려도 되는 걸까? 이 독불장군은 경복궁은 물론 그 뒤의 북악산과도 불협화음을 일으킨다. 한 마디로 솔선수범해서 역사문화를 개의치 않는 모습이다. 참고로 정부서울청사의 높이는 84미터, 광화문은 약 20미터(근정전은 기단 포함 약 25미터)이다.

맞습니다. 당시의 시각으로 보면 이해할만한 일이지요. 하지만 결과적으로 역사 도심 심장부에 반反경관적인 빌딩을 세운 겁니다. 자세히 보면 입면까지 반경관적입니다.

입면이요? 건물 외면을 말씀하시는 거지요?

네. 주변 환경에 대한 인식이 조금이라도 있었다면 지금처럼 수직선을 강조한 입면을 만들지는 않았을 겁니다. 오히려 입면을 가로로 나누어 수평선을 강조했겠지요. 그런데 정부서울청사를 보면 반듯이 올라간 사면에 수직선이 규칙적으로 돌출되어 있습니다. 그래서 빌딩이 좀 더 수직으로 단단해 보이지요. 덕분에 정부서울청사는 경복궁에 더욱 위압적인 존재로 보입니다.

같은 규모라도 형태와 입면에 따라 건물이 주는 위압감이 달라질 수

경복궁 안에서 본 정부서울청사. 정부서울청사의 입면은 장변이 약 100미터, 높이가 84미터로 커다란 정사각형에 가깝다. 그리고 규칙적으로 수직선이 강조된 모습을 하고 있다. 한마디로 형태와 입면 모두 나 홀로 우뚝 서겠다는 의지를 보여준다.

있겠네요.

맞습니다. 바로 앞의 광화문을 예로 들어볼까요? 광화문의 높이는 19미터가 조금 넘습니다. 아파트로 치면 6층 정도 높이지요. 하지만 광화문을 보면 6층짜리 아파트와 같은 높이로 느끼기 어렵습니다. 왜 그럴까요? 형태와 입면이 체감 높이를 다르게 만들기 때문입니다.

그런데 입면으로 고층 빌딩이 주는 위압감을 줄이는 데는 한계가 있지 않을까요?

그렇지요. 옷으로 실제 키보다 더 커 보이게 하거나 더 작아 보이게 할 수는 있지만, 한계가 있잖아요. 마찬가지지요.

그렇군요. 두 번째 건물은 무엇인가요?

남산 회현자락에 있는 힐튼호텔입니다. 이 호텔은 1983년에 준공된 건물로 당시 한국의 건축문화 수준을 한 단계 끌어올렸다고 평가받습니다. 하지만 이 호텔 역시 남산을 대하는 태도는 이기적입니다.

태도가 이기적이라고요?

길을 막고 풍경을 독식한다는 이야기에요. 약 100미터 너비의 병풍 형태로 남산의 회현자락을 막고 있거든요. 덕분에 남산에서 서울역 방향을 보면 경관이 콱 막혀요. 반대로 서울역에서 남산 방향을 봐도 콱 막히고요.

호텔 서비스를 소비할 수 있는 특정 계층이 남산 풍경을 독식하면 안 되잖아요.

그렇지요. 남산은 사유재산이 아니라 공유자산이니까요.

그래도 호텔 투숙객에게는 정말 좋은 호텔이겠네요.
그렇지요. 남산 회현자락 풍경을 제집 안마당처럼 들여다볼 수 있으

남산 회현자락에서 바라본 밀레니엄 서울 힐튼호텔. 남산을 개의치 않고 세련미를 자랑하는 이 호텔은 자기애가 충만해 보인다.

니까요.

그런데 풍경을 독식하는 것이 문제라면 서울역 바로 앞 서울스퀘어빌딩이 더 문제 아닌가요? 많은 이가 오가는 서울역 바로 앞에서 힐튼호텔보다 먼저 남산 풍경을 거대한 장벽으로 막아서잖아요.

맞습니다. 서울스퀘어빌딩 역시 힐튼호텔 이상으로 도심 풍경에 해를 끼치고 있습니다. 서울스퀘어빌딩 이야기를 조금 하자면 1976년, 그러니까 힐튼호텔보다 7년 먼저 옛 대우그룹의 사옥으로 서울역

앞에 들어섭니다. 당시에는 대우빌딩이라 불렸지요. 준공 당시 국내에서 가장 큰 오피스 빌딩이었습니다. 한 마디로 산업화 시기 경제성장의 지표로 볼 수 있는 빌딩이었지요.

지금은 경관을 해치는 애물단지지만 고층 빌딩이 흔치 않던 과거에는 고도성장의 상징 같았겠네요.

그렇지요. 세월이 흘러 지금은 도심 풍경을 해친다는 비판을 종종 받지만, 과거 대우빌딩은 서울역에 도착한 이들에게 고도성장을 피부로 느끼게 해주는 서울의 첫 장면이었습니다.

저 역시 서울역에 도착할 때마다 이 빌딩을 보게 되는데, 그래서 그런지 서울의 인상이 뭐랄까 아주 사무적으로 느껴질 때가 있습니다.

서울스퀘어빌딩은 가로, 세로 100미터 크기의 균일한 격자형 입면을 가지고 있습니다. 덕분에 그 모습이 엄격하고 육중하지요. 보는 이에게 매우 사무적이고 위압적인 느낌을 줍니다. 드라마 〈미생〉의 배경이 된 것도 이런 이유에서일 겁니다.

이야기하고 보니 서울스퀘어빌딩과 힐튼호텔만 없으면 서울역에서 바로 남산으로 이어지는 풍경을 볼 수 있겠네요.

그랬다면 서울의 첫인상이 훨씬 편안하고 여유로웠겠지요. 우리는

회현동에서 서울역 방향으로 본 구대우빌딩(현 서울스퀘어빌딩, 1982년 촬영, 출처:서울역사아카이브). 구경꾼이 몰려들 정도로 세간의 화제가 되었던 구 대우빌딩은 고도성장을 갈망하던 시절, 사람들에게 도심 풍경을 해치는 건물이 아닌 이상적 성장지표로 인식되었을 것이다.

서울스퀘어빌딩. 서울역에 도착해 처음 마주하는 풍경이다. 볼 때마다 서울의 첫 이미지가 이리 위압적이고 건조해도 좋은가 반문하게 된다.

두 빌딩 덕에 바로 앞에 남산이 있다는 사실을 까맣게 잊습니다.

말씀하신 대로 두 빌딩 모두 풍경을 대하는 태도에 확실히 문제가 있어 보이네요.

그렇지요. 누울 자리를 보고 다리를 뻗어야 했는데 그렇지 못한 거예요. 그런데 이 두 건물만 그런 건 아니에요. 남산 일대를 보면 특급 호텔들과 아파트 단지들이 남산 풍경을 독식하며 풍경을 해칩니다. 이 이야기는 잠시 후에 더 하지요.

알겠습니다. 그럼 마지막으로 세 번째 건물을 이야기해볼까요?

세 번째 건물은 종각역에 있는 종로타워입니다. 종로타워는 라파엘 비뇰리라는 세계적으로 유명한 건축가가 설계한 건물로 1999년에 완공되었습니다. 최상층이 공중에 떠 있어 많은 이들에게 랜드마크로 인식되는 건물이지요. 이런 독특한 형태 때문인지 종로타워는 준공 다음 해인 2000년 서울시 건축상(금상)까지 받습니다.

그럼 훌륭한 건물이라고 봐야 하는 거 아닌가요?

그렇지요. 건물 자체만 놓고 보면 종로타워는 하이테크 구조미를 발산하는 훌륭한 건물이라 할 수 있습니다. 하지만 역사 도심이라는 장소를 놓고 보면 종로타워 역시 번지수를 잘못 찾은 건물입니다.

사대문 도심에 어울리지 않는 고층 빌딩이라는 이야기지요?

그렇습니다. 사대문 도심을 둘러싼 내사산 중 가장 낮은 산이 낙산입니다. 높이가 대략 90미터 남짓 되지요.[1] 반면 종로타워 높이는 낙산 높이를 훌쩍 넘는 133미터입니다. 다시 말해서 사대문 도심 지형에 심히 반하는 높이지요. 게다가 이 건물은 높이 덕에 중력에 반하는 듯 하이테크 구조미를 강력하게 발산합니다. 우리네 역사 도심에 어울리지 않게 말이지요.

말씀을 듣다 보니 파리의 퐁피두센터가 떠오르네요. 퐁피두센터도 역사 도심에 자리한 하이테크 건축물이잖아요. 그런데 느낌은 매우 다르네요.

퐁피두센터는 역사 도심에 끼어든 하이테크 건축물이지만 주(역사문화 풍경)와 부(하이테크 이미지)의 관계가 확실하지요. 퐁피두센터는 어느 정도 몸집을 맞추어 역사 도심에 끼어들었습니다. 덕분에 안정적인 대조미를 발산하지요. 반면 종로타워는 희미해진 역사 도심 풍경에 거대한 몸집으로 등장합니다. 덕분에 희미해진 역사 도심 풍경을 더욱 희미하게 만들며 정체성 상실에 쐐기를 박지요.

만약 종로타워가 강남 한복판에 들어섰다면 어땠을까요?

그랬다면 좋았겠지요. 강남은 서울 역사로 봤을 때 신도시니까요.

하이테크 구조미를 강력하게 발산하는
종로타워. 강남이나 신도시에 들어섰
다면 좋았을 건물이다.

1977년에 완성된 파리의 퐁피두센터(저작권자: francois–roux). 역사 도심에 끼어든 하이테크
건축은 가로에 몸집을 맞추며 대조미를 발산한다. 이는 주(역사문화)와 부(하이테크)의 관계가
확실한 덕이다. 반면 종로타워는 희미해진 역사 도심 풍경을 더욱 희미하게 만들며 정체성
상실에 쐐기를 박는다.

첨단 건축의 각축장이 되어도 좋을 지역이잖아요.

바꾸어 말하면 사대문 도심을 강남처럼 만들려고 한 게 문제라는 이야기가 되네요.

그렇지요. 사실 사대문 도심의 고층 빌딩들을 보면 강남과 뭐가 다른가 싶어요. 개발이 필요했다면 사대문 도심은 역사 도심의 정체성을 살리는 방향으로 개발돼야 했어요. 하지만 사대문 도심의 고층 빌딩들을 보면 강남 한복판에 있는 고층 빌딩들을 옮겨놓은 듯 보여요. 일례로 정부서울청사가 있는 세종대로 일대만 봐도 경복궁을 등진 방향에서 보면 강남대로 풍경과 큰 차이가 없어요. 종로 1가도 마찬가지고요.

장소성 측면에서 구도심과 신도시의 건축이 달라야 한다는 거지요?

그렇지요. 땅이 가진 역사와 환경이 다르니까요.

그래서 사대문 도심의 고층 빌딩들이 문제라고 이야기하신 거고요.

그렇지요. 그런데 종로타워는 한 가지 더 짚고 넘어가야 할 것이 있어요.

그게 뭐지요?

종로타워 자리에 있던 르네상스풍의 화신백화점(1937~1987, 출처: 서울역사아카이브). 화신백화점은 준공 당시 경성에서 가장 높은 건물이었다. 내부에는 당시 보기 드물었던 엘리베이터와 한반도 최초의 에스컬레이터가 설치되었다. 당시 화신백화점은 한 번은 가 봐야 할 별천지 같은 곳이었다.

종로타워 자리에는 원래 화신백화점이 있었습니다. 혹시 들어보셨는지요?

들어본 것 같은데요. 일제강점기에 세워진 백화점 아닌가요?

맞습니다. 일제강점기 경성에는 5개의 백화점이 있었습니다. 그중 조선인이 운영하는 유일한 백화점이 바로 화신백화점이었습니다.[2] 화신백화점은 친일 자본가 박흥식[3]이 1937년에 신축한 최신식 백화점이었습니다. 지하 1층, 지상 6층 규모의 건물로 에스컬레이터

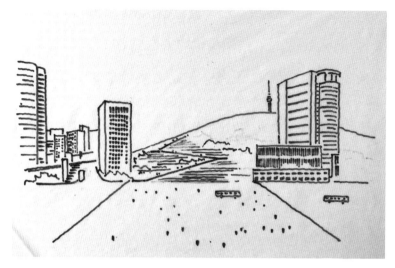

서울역 앞의 두 장벽(서울스퀘어빌딩과 힐튼호텔)을 철거하고 서울역에서 회현자락으로 이어지는 (대중교통만 통과하는) 경사형 광장을 조성한다면 서울역에서 마주하는 풍경은 훨씬 더 편안하고 여유로워질 것이다. 그리고 많은 이들이 자연스레 남산을 즐기게 될 것이다.

와 엘리베이터 그리고 전광판까지 갖춘 세간의 화제가 되는 건물이었지요. 화신백화점은 조선 최초의 근대 건축가로 알려진 박길룡[4]이 설계한 건물로 준공 당시 서울에서 가장 높은 건물이었습니다.

건축사로 보나 상업사로 보나 의미가 깊은 건물이었군요.

그렇지요. 화신백화점은 해방 후에도 계속 운영되다가 1978년 화신백화점 자리가 재개발 구역으로 지정되고 백화점이 경영난을 겪으면서 1987년 폐업과 동시에 철거됩니다. 그리고 그 자리에 종로타워가 들어서지요.

그랬군요. 그런데 그런 건물은 보존했어야 하는 거 아닌가 싶네요. 일부라도 남겼어야 하는 거 아닌가요?

그렇지요. 사대문 도심의 오래된 건물 대부분이 사라져서 아쉬운 일인데 화신백화점 같은 근대 건축 유산을 흔적도 없이 철거했으니 매우 안타까운 일이지요.

풍경 회복이 필요한 이유

지금까지의 이야기를 종합해보면 사대문 도심은 역사와 자연환경을 개의치 않고 개발된 듯 보입니다.

맞습니다. 덕분에 앞서 이야기한 사례 외에도 사대문 도심 곳곳에서 탈맥락적 풍경을 쉽게 만날 수 있지요. 서울스퀘어빌딩에서 10분만 걸어가면 남대문을 둘러싼 고층 빌딩들을 만날 수 있습니다. 이들 역시 문화유산인 남대문과 조화를 이루지 않습니다. 가까운 남산과도 어울리지 않지요.

외부의 시각은 다른 것 같습니다.

그게 무슨 이야기지요?

서울을 방문한 외국인들이 종종 빌딩 숲에서 궁궐이나 남대문 같은 역사 건축물을 만날 때 "판타스틱"하다고 표현합니다. 유럽과 달리 역사 도심이 신도시를 닮은 덕에 예상치 못한 곳에서 역사 건축물을 발견하는 반전을 즐길 수 있기 때문이지요. 유럽에서 보기 힘든 이런 우연의 풍경이야말로 우리 역사 도심이 가진 매력이라고 볼 수 있지 않을까요?

'와! 이런 데 이런 게 있어?'라는 말이 나오게 만드는 반전 장면은 매력적일 수 있습니다. 하지만 그게 우리가 가져야 할 최선의 풍경일까요? 그게 최선의 풍경이라면 파리나 로마의 도심을 고층으로 개발하지 않는 이유는 뭘까요? 또 서울을 파리보다 아름다운 도시로 평가하지 않는 이유는 뭘까요? 맥락 없는 개발이 안겨준 의외의 성과(?) 때문에 현재의 풍경이 최선의 풍경이라고 이야기할 수는 없습니다.

한 마디로 자기 위안을 하지 말자는 이야기군요.

그렇지요. 지금의 풍경이 역사 도심으로서 지향해야 할 풍경은 아니니까요.

결국 변화상을 모색해야 한다는 이야기네요.

그렇지요. 현재 도심 풍경에 아쉬움이 있다면 바람직한 변화상을 모색해야 합니다. 도심 경관은 우리 의지의 산물이니까요.

그렇긴 한데 쉬운 일은 아닐 듯합니다. 지금의 사대문 풍경을 변화시키려면 적극적인 개발 규제가 필요할 겁니다. 하지만 개발이 곧

성장이고 발전이라는 인식이 강한 우리 사회에서 이를 규제하기란 쉬운 일이 아닐 겁니다.

맞습니다. 게다가 한 번 만들어진 도심 풍경은 단시간 내에 바뀌지 않습니다. 물론 도시관리계획을 잘 세워 오랜 시간 유지한다면 천천히 바뀌겠지만 계획이 한 방향으로 유지되리란 법도 없습니다. 하지만 그 때문에 역사 도심의 정체성 문제를 외면할 수는 없습니다. 달라진 서울의 위상을 생각하면 더욱 그렇습니다.

선두 주자의 역사 도심으로 좀 더 품격 있는 모습을 보여줘야 한다는 말씀이군요.

네. 앞서 이야기했듯 과거 서울은 후발 주자의 수도였습니다. 그 시절 서울의 목표는 개발을 통해 현대도시로 거듭나는 것이었습니다. 그리고 그 목표를 성취해 현재의 '발전된 서울'이 되었지요. 한 마디로 '우리도 이렇게 잘 살아'라고 보여줄 수 있게 된 겁니다. 하지만 서울은 더 이상 후발 주자의 수도가 아닙니다. 어느새 선두 주자가 되었지요. 그렇다면 그에 걸맞게 정량적 개발 이상의 문화적 깊이를 보여주어야 합니다.

이제는 문화가 중요하다는 이야기네요.

그렇습니다. 잘사는 도시를 넘어 선진 도시가 되려면 문화적 깊이를 보여줘야 합니다.

문화적 측면에서 역사 도심에 대한 고민이 필요하다는 데는 별 이견이 없을 듯합니다. 다만 그 중요성에 대해 얼마나 많은 사람이 공감할지는 잘 모르겠습니다. 앎이 실천으로 이어지려면 중요성에 대한 공감대가 형성되어야 하는데 쉽지 않을 듯합니다.

그래서 우리가 이렇게 만나 이야기를 나누는 것 아니겠습니까. 이런 소소한 자리가 공감대 형성을 촉발하고 그것이 담론의 씨앗이 되는 거지요. 그러다 보면 변화로 이어지지 않겠습니까.

3장

관성의 저항, 남산 풍경

능욕과 선전의 남산 수난사受難史

앞서 1990년대부터 서울시가 역사 도심의 무분별한 개발에 대해 반성하면서 변화를 도모하기 시작했다고 말씀하셨습니다. 이번에는 그 변화들에 관해 이야기해보면 어떨까 싶습니다.

좋습니다. 서울시가 그간 추진해온 역사 도심의 변화상을 살펴보고 아쉬운 점을 짚어본다면 바람직한 미래상의 윤곽도 어느 정도 잡힐 겁니다.

그럼 어디부터 볼까요?

일단 남산부터 가보지요. 앞서 이야기한 반성과 변화의 시작은 1990년대 초 남산에서부터 였습니다. 서울시가 난개발로 망가진 남산 풍경을 회복하기 위해 남산 일대 건물들을 철거하면서 시작됐지요.

서울의 대표 풍경 중 하나인 남산을 손본 거네요.

그렇지요. 그런데 단순히 눈에 보이는 풍경을 회복하기 위한 것만은 아니었어요. 민주화 이후 남산을 시민에게 돌려줘야 한다는 생각이 있었거든요. 그래서 남산을 배타적으로 점유하는 국가 권력기관과 풍경을 해치는 건물을 철거해 경관 회복과 함께 남산을 시민에게 돌려주기로 한 거예요.

국가 권력기관은 지금의 국정원, 그러니까 과거의 안기부를 말씀하시는 거지요?

네. 과거 남산 예장자락에는 안기부(안전기획부)와 수방사(수도방위사령부)가 있었어요. 1961년 박정희가 쿠데타로 정권을 잡으면서 남산에 중앙정보부KCIA를 설립합니다. 그리고 전두환 정권 때 중정이 안기부로 간판을 바꿔 달지요. 아시다시피 박정희에서 전두환으로 이어지는 군부독재 시절 남산은 고문과 날조가 자행되는 공포의 대상이었습니다. 남산에 끌려가면 죽는다고 이야기할 정도로 무섭고 음습한 곳이었지요.

그러고 보면 남산은 현대사의 아픔이 진하게 배어 있는 곳이네요.

그렇지요. 그런데 남산은 현대사의 아픔만 간직한 곳이 아니에요. 구한말부터 한 세기 가까이 통치세력의 부침이 고스란히 배어 있는 곳이기도 하지요.

이야기가 나온 김에 남산의 역사를 짚어보고 갈까요?

그게 좋겠습니다. 남산의 역사를 알아야 남산의 변화가 갖는 의미를 더 잘 이해할 수 있을 테니까요. 다시 조선 시대로 돌아가보지요. 조선은 남산을 국토와 왕경을 수호하는 신산神山으로 여겼습니다.[1] 하지만 구한말 일제가 남산에 자리 잡기 시작하면서 신산의 의미는 점점 퇴색되어갑니다. 1885년 일제는 남산 예장자락에 공사관을 설치합니다.[2] 그리고 을사늑약(1905) 체결 후인 1907년에는 통감부 청사를 세우지요.[3] 이 두 건물의 위치는 아주 능욕적이었습니다. 궁성이 내려다보이는 곳에 건물을 짓지 않는 것이 조선의 관례였지만 이 두 건물은 종묘를 정남에서 마주 보며 경운궁(덕수궁)을 내려다보는 곳에 자리 잡습니다. 애초부터 조선 정복이 목적이었음을 암시하는 대목이지요. 그리고 경술국치 후에는 예장자락의 통치기관에 이어 회현자락 중턱에 일제의 국가종교 시설인 조선신궁이 들어섭니다.

경술국치 전 남산에 들어선 통감관저(출처: 서울역사아카이브, 왼쪽)와 통감부 청사(출처: 서울역사 아카이브, 오른쪽). 사실상 내정 통치기관이었던 이 두 건물은 궁성을 내려다보며 조선 정복이라는 목적을 선명하게 암시했다. 1910년 통감관저에서 한일병합조약이 강제 조인됐다.

신궁이라 하면 일본의 신사 중 이세신궁 같은 최고등급의 신사를 이야기하는 거지요?[4]

맞습니다. 당시 일제는 천황을 신격화해 충성을 다짐하는 독특한 성격의 국가종교를 정신적 통치 수단으로 삼고 있었습니다. 다시 말해 자국민 단결의 구심점으로 종교를 활용한 것이지요. 이걸 국가신토라고 합니다.[5] 일제는 식민지에도 이 기괴한 종교를 정착시키려 했습니다. 피식민지배인의 정신적 동화, 즉 황국신민화를 위해서였지요. 그래서 이 국가종교의 의식을 행하는, 즉 천황 가문의 조상신 아마테라스 오미카미天照大神와 메이지 천황明治天皇에게 참배를 강요하는 신궁을 경성을 내려다보는 남산 중턱에 세운 겁니다.

듣고 보니 남산이 말 그대로 능욕당했네요.

조선을 수호하는 신산에서 천황제의 참배 장소로 전락했으니 능욕도 그런 능욕이 없었지요.

그럼 해방 후에는 어떻게 됐지요? 남산이 제 모습을 찾았나요?

해방 직후 일제는 조선신궁을 자진 철거합니다. 그리고 통감부 청사는 한국전쟁 때 소실됩니다. 통감관저는 1960년 이후 철거된 것으로 추정되고요.

경성을 내려다보는 조선신궁(1925년 촬영, 출처: 서울역사아카이브). 천황을 섬기는 조선이 될 것을 강요하는 듯 보인다. 종교 건축의 특성상 상징으로 먼저 인식되는 조선신궁은 장소의 힘을 지렛대 삼아 강력한 메시지를 생산했다.

조선신궁을 참배하는 조선인 학생들(1920, 출처: 민족문제연구소). 일제는 황국신민화를 목적으로 조선인에게 조선신궁을 참배하도록 강요했다. 조선신궁에는 일본 황실의 조상신인 아마테라스 오미가미와 조선을 병합한 메이지 천황(재위 1867~1912)의 신위가 안치되어 있었다. 하지만 다수의 조선인은 조선신궁을 관광지쯤으로 취급했고 일제의 정신적 동화 전략은 실패로 돌아갔다.

남산이 다시 평온을 찾았겠네요.

그렇지 않았어요. 해방 후 정권을 잡은 권력자들 역시 일제처럼 남산을 가만두질 않았거든요.

남산 수난의 제2막이 펼쳐진 거군요.

맞습니다. 1956년 옛 조선신궁 자리에 이승만 대통령의 "80회 탄신기념" 동상이 세워집니다. 이 동상은 높이가 25미터에 달하는 초대형 동상이었습니다.

살아 있는 통치자의 동상은 우상화를 의미하는 거 아닌가요?

남산 중턱에 건립된 탄신 80주년 기념 이승만 동상(1956~1960, 높이 25미터, 저작권자: 임인식 청암 아카이브, 왼쪽)의 제막식 현장과 평양 만수대 언덕의 김일성-김정일 동상(1972~, 2012~, 높이 23 미터, 오른쪽). 살아 있는 권력자의 초대형 동상은 우상화를 목적으로 한다. 이승만 동상은 이승만 대통령 80회 탄신 경축 중앙위원회 주관으로 건립되었다.

맞습니다. 우리가 역사에서 봐왔듯 살아있는 통치자의 동상은 우상화를 목적으로 합니다. 이런 이유로 보통 독재 세력이 동상을 세우지요. 구소련의 스탈린과 중국의 마오쩌둥 그리고 북한의 김일성 모두 생전에 동상을 세웠습니다. 이승만 정권도 우상화의 목적으로 남산에 초대형 동상을 세운 겁니다.

일제가 천황을 우상화했던 곳을 이승만 우상화의 장소로 재활용한 거네요.

그렇습니다. 일제의 남산 사용 방식을 답습한 거지요. 그런데 그 우상화가 몇 년 못갑니다. 4.19 혁명으로 이승만 대통령이 하야하거든요. 그리고 얼마 지나지 않아 동상은 철거됩니다.[6]

남산 팔자도 참 기구하네요.

그렇지요. 그런데 그게 끝이 아닙니다. 통감부가 있던 예장자락 일대에는 중앙정보부(중정)와 수도방위사령부(수방사)가 들어섭니다. 박정희가 쿠데타로 정권을 잡으면서 남산에 중앙정보부를 설치했고 1960년대 40여 개의 중정 건물이 이 일대에 들어섭니다.[7] 그리고 같은 시기 바로 옆에 수도방위사령부가 들어서지요.[8] 수도방위사령부 역시 박정희 정권이 쿠데타 직후 창설한 육군 부대입니다. 그러면서 예장자락 일대는 또 한 번 가장 힘이 센 권력기관에 점령당합니다.

회현자락에 이어 예장자락도 일제의 전철을 밟은 거네요.

맞습니다. 잘못된 학습 탓인지 우리 스스로 또 한 번 남산을 권력 행사와 선전의 장소로 활용합니다. 이 대목이 참 씁쓸합니다. 그런데 이게 끝이 아닙니다.

이후에도 남산의 수난이 계속 됐다는 건가요?

네. 1960년대 초 박정희 정권은 남산에 해방 후 최초의 국가 건축 프로젝트를 추진합니다. 구체적으로는 장충자락 일대에 반공을 기념하는 복합용도단지 건립을 추진하지요.

국가 건축이라면 규모가 꽤 컸겠네요.

네. 부지면적만 6만 평에 달하는 대규모 건축 계획이었습니다. 구체적으로는 5개의 건물로 구성된 아시아민족 반공연맹[9] 자유센터를 조성하는 것이었습니다. 하지만 자금 부족으로 두 개의 건물만 짓고 중단되지요. 이 두 건물이 바로 현재 장충단로에 있는 한국자유총연맹 본부 건물과 반얀트리호텔입니다. 한국자유총연맹 본부 건물은 당시 반공연맹 사무국이자 반공을 홍보하는 자유센터 본관으로, 반얀트리호텔은 반공대회 참가자들의 숙소인 국제자유회관으로 계획되었습니다.[10]

이념 연출의 무대로 건축된 자유센터(현 한국자유총연맹, 김수근 설계). 곡선 형태의 장엄한 지붕과 열주는 자유센터가 선전하는 반공 이념의 기념비적 성격을 극대화한다. 세월이 흐르고 이념이 사라진 자리에 머쓱한 조형미만 남았다.

자유센터 열주를 통해 본 신라호텔 방향 오픈 스페이스. 기념비적 건축은 그것을 조망할 수 있는 오픈 스페이스가 필요하다. 자연을 대지 삼아 계획된 기념비적 건축이 넓은 면적의 자연 훼손을 수반할 수밖에 없는 이유다.

자유센터 옥상에서 본 반얀트리호텔(구국제자유회관, 김수근 설계). 국제자유회관으로 계획되었지만 40년간 타워호텔로 운영되었고 2010년 리모델링을 통해 지금의 반얀트리호텔이 되었다. 탑상형 건축으로 풍경 훼손을 최소화한 듯 보이지만, 앉음새의 불편함은 어쩔 수가 없다.

그런데 1960년대면 정말 가난한 시절 아닙니까? 국민의 생활고를 해결하기 위한 것도 아니고 이념을 기념하기 위해 대규모 국가건축을 추진하다니, 꼭 그래야 했을까요?

그 시절 반공 이념의 전면화는 자유진영 국가에 요구된 보편적 과제였습니다. 다시 말해서 자유진영의 통치세력에게는 지배 정당성 확보를 위한 기본 과제였지요. 그리고 국내 정치 상황으로 보면 군부 정권은 박정희의 남로당 활동 경력으로 촉발된 대내외 이념 공세를 잠재워야 했습니다. 그래야 쿠데타 정권의 집권 정당성을 안정적으로 확보할 수 있었기 때문이지요. 그래서 남산에 보란 듯 반공 기념비를 세운 겁니다.

건축을 선전도구로 삼은 거네요?

그렇지요.

그런데 왜 남산이었지요?

박정희 정권이 남산을 선택한 이유는 정확히 알려진 바가 없습니다. 추정컨대 남산을 훼손한 선례가 있고, 그래서는 안 되지만 정부 맘대로 쓸 수 있는 국유지였기에 별다른 생각 없이 남산을 선택한 것으로 보입니다. 어떻게 보면 가난한 정부가 손쉽게 선택할 수 있는 대안이었다고 봐야지요.

자연과 문화에 관한 고민은 없었다고 봐야겠네요.

철학이 없었다고나 할까요? 박정희 정권은 반공과 경제성장이라는 목표만 가진 정권이었습니다. 다시 말해서 목표 달성을 위해 수단과 방법을 가리지 않는 정권이었지요. 박정희 정권에게는 국토 역시 목표 달성을 위한 수단에 불과했습니다.

시대가 시대인 만큼 그랬겠지요.

이후에도 박정희 정권의 남산 훼손은 계속됩니다. 1970년대에는 남산의 3대 흉물이라 불리는 네 동의 건물이 한남자락 일대에 들어섭니다. 1972년에 외인아파트 두 동과 남산맨션 그리고 1978년에 하얏트호텔이 한남자락 일대에 들어섭니다. 그러면서 남산(한남자락) 경관은 고구마가 목에 걸린 것처럼 콱 막힙니다. 그래서 이 외인아파트가 나중에 철거됩니다.

풍경 회복 차원에서요?

네. 앞서 1990년대 초부터 남산의 풍경을 회복하기 위해 건물들을 철거하기 시작했다고 했잖아요. 그 일환으로 1994년에 외인아파트를 텔레비전 생중계로 폭파 철거합니다. 혹시 영상 보신 적 있으신 지요?

네, 유튜브에 있더군요.

저는 학창 시절 텔레비전에서 외인아파트가 폭파되는 장면을 본 기억이 납니다. 병풍 같은 아파트가 순식간에 무너지면서 남산이 '짠' 하고 나타났지요. 속이 다 시원했습니다.

박정희 정권은 왜 남산자락에 외인아파트를 세웠을까요? 답답하게 말이지요.

그 자리가 경부고속도로를 타고 서울로 들어오는 사람들에게 무언가를 보여주기 좋은 위치거든요.

서울로 들어오는 길목에 아파트를 지어 경제 개발의 성과를 뽐내려 했다는 이야기지요?

그렇습니다. 정권의 정당성 확보를 위해 조국 근대화의 성과를 선전하는 것이 중요한 시절이었거든요.

당연히 남산 경관이 공유재라는 인식은 없었겠지요?

그 시절 권력자들에겐 경관이 공유재라는 인식 같은 건 없었다고 봅니다.

그런데 왜 하필이면 외국인 아파트지요? 요즘 말로 그 자리는 숲세권의 끝판왕 아닙니까? 굳이 남산자락에 아파트를 짓는다면 내국인을 위한 것이었어야 하지 않을까요?

당시는 경제 개발을 위한 외국인 거처 마련이 시급한 시절이었습니다. 다시 말해서 장기 거주가 필요한 외국 상사원 같은 이들을 위한 질 좋은 주택이 절대적으로 부족한 시절이었지요. 그래서 앞서 이야기한 것처럼 손쉽게 구할 수 있는 남산 부지에 그것도 서울로 들어오는 길목에 외국인 전용 아파트를 지은 겁니다.

이것저것 따질 여유가 없어 남산에 외인아파트를 지었다는 이야기군요. 그렇다 해도 분명 잘못된 결정이었네요. 서울의 관문에 해당하는 경관을 답답하게 만들었으니 말이지요.

그렇지요. 그래서 욕을 많이 먹었어요. 사람들이 서울로 들어오면서 그걸 보고 '이게 왜 여기 있나' 했던 거지요. 그러고 보면 외인아파트는 "남산 제 모습 찾기"의 원동력이 된 건물이라고 할 수 있어요.

그렇군요. 박정희 정권이 남산에 몹쓸 짓을 많이 했네요.

맞습니다. 박정희 정권만큼 남산을 학대한 정권도 없습니다. 거리낌 없이 개발하고 반공과 경제 개발이라는 선전의 장으로 활용하고. 어찌 보면 남산은 박정희 정권의 지배 정당성을 선전하기 위한 제물이었던 거에요.

박정희 정권은 일제의 전철을 제대로 밟았네요.

그런 셈이지요. 역사 속 신산을 마구 개발하고 선전의 장으로 활용
했으니까요. 한양성곽을 파괴한 것까지 똑같아요. 일제가 조선신궁
을 지을 때 한양성곽을 훼손했거든요. 박정희 정권 역시 자유센터를
지으면서 한양성곽을 훼손했어요. 여하간 일제부터 박정희 정권까
지 남산을 훼손한 대가는 컸어요. 역사와 풍경을 잃었으니까요.

안타까운 이야기입니다.

그렇지요. 그런데 더 안타까운 건 결과적으로 남산 개발이 능선 파
괴형 개발의 정착 계기가 됐다는 거예요. 박정희 정권의 남산 개발
이후 자연과 경관의 파괴가 상식화되거든요. 저는 이게 박정희 정권
의 남산 학대가 남긴 가장 큰 과오라고 봐요.[11]

상처가 깊네요.

그렇지요.

미완의 회복: 남산 제 모습 찾기

남산의 수난사를 이야기하다 보니 좀 길어졌습니다. 그럼 이제 1990년대 서울시가 추진한 남산의 풍경 회복에 관해 이야기해볼까요?

좋습니다.

먼저 개략적인 내용을 알려주셨으면 합니다.

1990년 서울시는 남산 일대의 건물 철거를 주요 골자로 하는 '남산 제 모습 찾기'를 추진합니다.[12] 남산의 풍경을 해치는 건물을 철거하고 생태를 복원해 남산을 시민에게 돌려준다는 취지였지요. 그 결과 1991년부터 1998년까지 외인아파트와 안기부 그리고 수방사를 포함한 120동의 건물을 철거하고 공원과 보행로를 조성합니다.[13]

숫자만 보면 드라마틱한 변화네요.

실상은 그렇게 드라마틱하지 않습니다. 120동 중에는 단독주택도

철거 전 한남대교 북단에 위치했던 외인아파트의 모습(왼쪽)과 폭파 철거되는 외인아파트
(오른쪽). KTV 유튜브(대한뉴스) 캡처.

한남대교 남단 쪽에서 본 남산 방향(위)과
남산자락의 남산맨션(아래). 외인아파트
(1972~1994)는 철거되었지만, 병풍처럼 남
산을 가리는 하얏트호텔과 남산자락에 무
뚝뚝하게 위치한 남산맨션은 남았다. 남산
제 모습 찾기 추진 당시 모두 철거 대상에
포함되었으나 외인아파트만 철거되었다.
결과적으로 외인아파트 철거는 경관 회복
에 대한 상징적 행위가 되었다.

포함되어 있거든요. 게다가 남산 경관을 해치는 주요 건물들이 건재
합니다. 한남자락의 하얏트호텔과 남산맨션도 여전하지요. 옛 안기
부 건물을 비롯해 많은 건물이 아직 남산에 남아 있습니다. 한 마디
로 남산 제 모습 찾기는 그 취지에 비해 성과가 미흡한 사업이었습
니다.

잘못된 만남: 남산과 아파트

남산 일대의 모든 건물을 철거해야 한다고 보시나요?

아닙니다. 크기나 형태로 봤을 때 경관적으로 용인할만하다 싶은 건물은 남기거나 공공시설로 전환하는 것도 방법이라고 봅니다. 자원 낭비라는 측면을 무시할 수 없으니까요. 그리고 경관상 문제가 되는 건물이더라도 보존 가치가 있다면 타협적으로 그 흔적을 남겨야 한다고 봅니다.

타협적으로 남겨야 한다는 게 무슨 뜻이지요?

그곳의 역사를 기억할 수 있게 터의 흔적이나 건물 일부를 남기고 철거해야 한다는 이야기입니다. 예를 들어 외인아파트의 경우, 한두 층 정도 남기고 철거했더라면 하는 아쉬움이 있습니다. 그랬다면 남산에 외국인을 위해 고급 아파트를 지었다는 사실과 산업화 시기의 아파트의 존재를 선명히 기억할 수 있었겠지요.

과거의 아파트도 문화유산으로 보시는 건가요?

생존 이상의 목적으로 생산, 공유, 전파하는 정신적, 물질적 산물을 문화라 합니다. 그렇게 본다면 아파트 역시 문화고 과거의 아파트도 문화유산입니다. 다만 문화유산이란 말에는 상속 혹은 계승할만한 가치를 지닌 대상이라는 의미가 내포되어 있어, 과거의 아파트가 그런 존재냐 묻는다면 대상에 따라 혹은 대답하는 이에 따라 이견이 생길 겁니다.[14]

그럼 외인아파트는 문화유산으로 볼 수 있나요?

산업화 시기의 아파트는 조국 근대화를 대변했습니다. 그리고 국민 주거 양식으로 자리 잡은 아파트의 초기 모델이기도 하지요. 외인아파트는 대통령의 지시로 남산에 지은 외국인 전용 고급 아파트였습니다. 한 마디로 외인아파트는 그 시대를 잘 설명해주는 건축물입니다. 그렇다면 외인아파트는 상속할만한 가치를 지닌 문화유산으로 봐야 합니다.

그렇군요. 그런데 외인아파트는 준공 후 20년 남짓한 시점에 철거되었습니다. 그 당시에 가까운 과거를 남겨야 한다는 생각을 하기는 어렵지 않았을까요?

그랬을 겁니다. 어찌 보면 이해할만한 일이고요. 하지만 역사는 나이테 같은 겁니다. 기쁘든 슬프든 차곡차곡 쌓이는 게 역사지요. 도시에도 역사를 차곡차곡 남겨야 합니다. 다시 말해서 역사의 적층을 그대로 남겨 누구든 해석하고 교감할 수 있게 해야 하지요. 그게 역사를 대하는 도시의 바람직한 태도라고 봅니다. 그러려면 조선 시대부터 현대까지 의미 있는 대상을 놓치지 않아야 하고 그 흔적이라도 도시에 남기고자 노력해야 합니다.

역사 교과서가 근현대사를 소홀히 다루면 안 되는 것처럼 도시도 그래서는 안 된다는 이야기군요.

그렇게 하지 않으면 자칫 역사를 취사선택하게 되거든요. 사실 우리는 보존해야 할 역사라고 하면 조선 시대만 떠올려요. 조선 시대의 한옥이나 가구 같은 것만 보존의 대상으로 보는 거지요. 최근 인식이 바뀌고는 있지만, 여전히 보존 대상에 대한 시점을 박제하는 경향이 있어요. 그러면 안 돼요. 도시가 역사를 편집하게 되거든요.

그런데 한 가지 더 생각해볼 것이, 아파트는 우리가 만든 주거문화가 아니잖아요. 그래서 보존 대상으로 봐야 한다는 말씀에 동의하지 않을 이들도 꽤 될 것 같은데요.

앞서 잠깐 이야기했지만, 대략 3세기에서 7세기에 걸쳐 기와지붕의 목조 건축이 중국으로부터 한반도를 거쳐 일본으로 전파됩니다. 이후 삼국은 이 목조 건축을 각자 독자적으로 발전시키지요. 오늘날 우리가 아는 한중일의 전통 건축문화는 그렇게 완성된 겁니다. 그러니까 한옥은 외래문화를 고유문화로 발전시킨 겁니다. 아파트도 마찬가지입니다. 150년 전 근대화 과정을 통해 서양에서 현대식 아파트 모델이 탄생합니다. 그리고 산업화 시기에 우리가 이 모델을 수입하지요. 이후 우리는 반세기 동안 이 모델을 한국식 아파트로 발전시킵니다. 아파트 역시 외래문화를 고유문화로 발전시킨 것이지요.

문화를 순혈주의적 시각으로 보지 말라는 이야기군요.

그렇지요. 문화의 혈통을 따진다면 역사의 상당 부분을 부정해야 합니다. 어느 나라나 마찬가지지요. 예를 들어 유럽 건축의 뿌리는 그리스-로마 건축이잖아요. 그렇다고 다른 유럽 국가들이 자기네 전통 건축을 부정하나요? 아니잖아요. 문화는 독자적으로도 꽃피지만, 교류 속에서도 피어나요. 그게 문화에요.

보통 오래된 아파트는 흉물스럽지 않나요? 일부를 남기는 것이 좀 부담스럽지 않을까요?

보는 시각에 따라 다르겠지만 중요한 건 보존 방법에 따라 건물의 미적 가치가 얼마든지 달라질 수 있다는 거예요. 보존한다고 해서 있는 그대로 남루하게 내버려 두는 게 아니거든요. 보수하고 단장하면 시간의 흔적을 바탕으로 세월의 미학을 보여줄 수 있습니다.

그렇군요. 그럼 외인아파트를 어떻게 남겼다면 좋았을까요?

한두 층 정도 남겼더라면, 그래서 전시시설로 운영했더라면 어땠을까 싶어요. 산업화 시기 남산에 지어진 고급 아파트의 모습을 누구든 쉽게 둘러볼 수 있게 말이지요.

옛날 아파트도 구경하고 차도 한 잔 마실 수 있는 공공 문화공간으로 말이지요?

네. 말하고 나니 더 아쉽네요.

그래도 아직 기회가 남아 있잖아요. 남산맨션도 언젠가는 수명이 다할 거 아닙니까. 그때라도 그렇게 하면 되지 않나요?

수명이 다해도 철거하기 쉽지 않을 겁니다. 외인아파트는 주택공사(현재 LH) 소유였지만 남산맨션은 일반 분양 아파트거든요.[15]

남산에 아파트 재건축이 가능한가요?

현행법상 남산에 아파트 신축은 불가능합니다.

그럼 수명이 다하면 서울시가 현금이나 대물로 청산해야 하는 거 아닌가요?[16]

그렇겠지요. 그런데 민간인 집단의 재산권을 놓고 하는 보상이라 그

과정이 만만치 않을 거예요. 그리고 재건축에 대한 요구도 있을 수 있어요. 리모델링을 통해 수명이 계속 연장될 수도 있고요. 모르긴 해도 남산맨션은 오랫동안 그 자리에 있을 겁니다.

그래도 때가 되면 풍경 회복을 위해 철거해야 한다고 보시는 거 아닌가요?

제가 만든 우스갯소리인데, 아파트랑 가족은 건드리는 게 아니에요. 남산맨션 소유주분들이 제 이야기를 듣고 서운하시거나 오해하실 수 있으니까 여기까지만 이야기하는 걸로 하지요.

제 질문이 선생님 입장을 난처하게 만들었군요.

제가 정책을 만드는 공인이라면 모를까, 아파트 때문에 울고 웃는 한국 사회에서 같은 사인私人인 제가 남의 아파트를 가지고 이러쿵저러쿵 이야기하기에는 조금 부담스러운 면이 있습니다.

그럼 아파트 이야기는 여기서 마무리할까요?

하하. 괜찮습니다. 다른 아파트도 이야기해야 하거든요.

남산에 남아 있는 아파트는 남산맨션밖에 없는데요?

남산 주변으로 시야를 확대해보지요. 남산과 매봉산 주변의 아파트 단지들을 한 번 보세요. 남산 일대 풍경을 심하게 훼손하고 있습니다. 정말 안타깝지요. 더욱 안타까운 건 이 단지들 대부분이 외인아파트 철거 후 준공됐다는 사실입니다. 그러고 보면 남산 제 모습 찾기는 말 그대로 남산에 국한된 풍경 회복을 목적으로 했었나 봅니다. 풍경이라는 게 그렇게 뚝 잘라서 생각할 수 없는 것인데 말이지요.

그러고 보니 남산 바로 옆에 매봉산이 있는데 본 기억이 별로 없습니다.

그럴 겁니다. 아파트 단지들이 매봉산을 포위하고 있거든요. 다시 말해서 아파트 단지들이 매봉산의 풍경과 접근로를 사실상 독점하고 있는 겁니다. 공유자산인 매봉산을 말이지요.

매봉산 일대의 아파트 단지들도 철거해야 한다고 보시는 건가요?

이상적인 청사진을 말씀드리면 아파트의 수명이 다했을 때 철거하고 해당 용지를 중소규모 필지로 나누어야 합니다. 그렇게 해서 매봉산으로 접근 가능한 보행 네트워크를 형성하고 각 필지에는 산세에 어울리는 규모의 건물이 들어설 수 있게 해야지요. 그렇게 해서 풍경도 회복하고 시민들에게 매봉산에 대한 조망권과 보행 접근권도 돌려주는 겁니다. 그러려면 서울시가 새로운 유형의 재개발 계획을 수립해야 합니다. 보상 방안도 마련해야 하고요.

아파트 단지를 동네 유형으로 재개발하자는 거지요? 거꾸로 가자는 거잖아요. 반대가 심하겠는데요.

그럴 겁니다. 매봉산을 둘러싼 아파트 단지들은 수명이 다할 때쯤 재건축을 추진할 겁니다. 보통의 아파트 단지들처럼 말이지요. 그런데 그걸 못하게 도시관리계획을 변경하면 그 과정에서 엄청난 반대에 부딪힐 겁니다.

당연하지요. 절대다수가 아파트를 선호하는 사회에서 서울 중심부의 숲세권 아파트 재건축을 막는다면 가만히 있겠어요?[17]

그리고 설사 도시관리계획이 변경된다 해도 소유주들은 재건축 대신 리모델링을 추진할 겁니다. 아니면 처음부터 리모델링을 추진할 수도 있고요. 보통 사업성이 안 나오면 그렇게 하거든요.

결국 실현 가능성이 희박한 이야기를 하신 거네요.

그래서 이상적인 청사진이라고 말씀드린 거예요.

그래도 공유자산으로의 풍경과 시민의 권리가 사유재산권 이상으로 중요하다는 의식이 자리 잡으면 이상적 청사진이 현실이 될 수 있지 않을까요?

의식의 전환만으로는 힘들 겁니다. 절대다수가 아파트를 원하는 사회에서 탈아파트로 역행하는 재개발을 추진하려면 주거 유형에 대한 선호 수요도 다양하게 분산되어야 할 겁니다.

상상만 해보는데도 참 어려운 이야기네요. 그래도 풍경 회복을 위해 탈아파트형 재개발이 필요하다고 보시는 거지요?

네. 곳곳에서요. 이건 매봉산 일대에 국한된 이야기가 아닙니다. 서울 전체를 둘러보면 산천의 조망을 독점하고 접근을 어렵게 만드는 아파트 단지들을 쉽게 만날 수 있습니다. 이곳들 역시 변화가 필요하지요.

그런데 아파트 단지가 해체되는 날이 올까요?

모르지요. 그래도 계속 이야기해야지요. 서울을 좀 더 아름답고 민주적인 도시로 만들려면요.

아파트 단지라는 건강하지 못한 성채

올림픽대로에서 본 남산과 매봉산 방향 풍경(위)과 동호대교에서 본 달맞이봉 공원(금호4가동) 방향 풍경(왼쪽). 자연경관을 독점하는 아파트 단지들. 공유자산으로의 접근과 경관을 독점할 권리는 구매 가능한 것인가? 경관을 해치는 이 오래된 문법은 이 시대 우리의 위상에도 변함이 없다.

아파트 단지는 블록 크기의 토지를 배타적으로 점유하며 '아파트vs비非아파트'의 대립 구도를 생산한다. 배타적 공동체 문화를 생산하는 아파트 단지는 도심 경관과 보행 환경에 무심하다. 게다가 공유자산(산천)의 조망과 접근을 독점하기도 한다. 아파트 단지는 한 마디로 '어울려 살기'와 '어울려 보이기'에 무심한 부동산 상품이다.

다행히 최근의 아파트 단지(계획)을 보면 단지의 폐쇄성을 극복하고 가로에 활기를 더하려는 노력과 경관 조성에 일조하려는 노력이 엿보인다. 하지만 아직은 소수의 사례만 목격될 뿐이다. 이러한 변화가 새로운 문법으로 정착하려면 상당한 시간이 소요될 것이다. 덕분에 오늘도 아파트 단지는 건강하지 못하다.

성동구 옥수동의 아파트 풍경(왼쪽), 성동구 마장동의 아파트 풍경(오른쪽 위), 성북구 돈암동의 아파트 풍경(오른쪽 아래). 장막의 풍경과 스카이라인의 급격한 변화를 만들어내는 아파트 단지는 도시 풍경을 해치는 일등공신이다. 특히 지세와 충돌하는 아파트 단지는 더욱 그렇다. 지세와의 갈등이 고스란히 풍경으로 치환되기 때문이다.

성북구 돈암동의 한 아파트. 경계 짓기에 충실한 반면 가로 활성화에는 관심이 없다.

한 걸음 더: 남산 르네상스

남산 제 모습 찾기 이후에는 어떤 일들이 있었나요?

2009년 서울시가 남산 르네상스라는 이름의 마스터플랜을 발표합니다. 간략히 이야기하면 남산자락의 접근성을 개선하고 풍경과 생태 그리고 전통역사를 복원하여 시민에게 돌려준다는 계획을 발표한 겁니다. 예를 들어 예장자락의 경우 옛 안기부 건물들을 모두 철거해서 공원으로 조성하고 회현자락의 경우 한양성곽을 복원한다는 내용이었지요. 최근 남산 르네상스 사업이 완료되었습니다.

남산 르네상스 사업은 1990년대 남산 제 모습 찾기의 연장이었던 거군요.

맞습니다. 하지만 둘 사이에는 큰 차이점이 하나 있습니다. 바로 역사를 바라보는 시각이지요. 과거 남산 제 모습 찾기의 '제 모습'은 사실상 조선 시대를 향했습니다. 서울시는 당시 수방사가 떠난 자리에 한옥마을을 조성하고 남산타워 부근에는 조선 시대의 봉수대를 복원했습니다. 반면 일제강점기와 군부 시절의 기억 보존에는 별 관

남산 한옥마을(저작권자: Jtm71, 출처: 위키피디아, 왼쪽)과 남산 봉수대 터(저작권자: Wei-Te Wong, 출처: 위키피디아, 오른쪽). 남산 한옥마을과 봉수대 모두 남산 제 모습 찾기의 일환으로 재현된 과거의 모습이다. 1993년 남산타워 부근에 조선 시대의 봉수대가 복원되었다. 그리고 1998년 수방사가 필동에서 남태령으로 이전한 자리에 조선 시대 남산골을 재현한 한옥마을이 조성되었다. 이렇듯 남산 제 모습 찾기의 '제 모습'은 조선 시대를 암시했다. 참고로 남산 한옥마을은 시내에 흩어져있던 한옥들(조선 후기~일제강점기)을 이건해 조성했다. 바꾸어 말하면 전통문화 관광지 조성을 위해 일종의 테마파크를 만든 셈이다.

심이 없었지요. 마치 조선 시대 이후 남산에 아무 일도 없었던 것처럼 말이지요. 반면 남산 르네상스 사업은 아픈 근현대사에도 주목했습니다.

남산의 역사를 나이테처럼 남기려 했다는 이야기군요.

네. 그런데 처음부터 그랬던 건 아니에요. 남산 르네상스 발표 당시에는 근현대사 보존에 관한 내용이 없었습니다. 방금 말씀드린 대로 예장자락의 안기부 건물도 순차적으로 철거할 계획이었지요. 그러다 2011년 서울시장이 바뀌면서 남산의 역사를 보는 시각에 변화가 생깁니다. 그리고 그러한 변화가 남산 르네상스 사업에 반영되지요.

한 마디로 사업 발표 이후 실행 단계에서 역사의식이 업데이트됐다는 이야기네요.

맞습니다.

구체적인 성과로 뭐가 있을까요?

최근 옛 중정 건물이 있던 예장자락이 공원으로 재탄생했습니다. 혹시 가보셨나요?

아니요. 가보지 못했습니다.

원래 이 공원에는 서울시청 남산 별관과 TBS 교통방송 청사가 있었습니다. 이 중 남산 별관은 과거 중앙정보부 6국이었습니다. 6국은 정말 무시무시한 곳이었습니다. 고문을 일삼고 진실을 은폐, 조작하는 국가폭력의 정점에 있던 곳 중 하나였지요. 일례로 유신 시절 인혁당 사건과 민청학련 사건 피해자들도 중정 6국에서 고문을 받았습니다. 이런 이유로 서울시가 남산 르네상스 계획을 발표했을 때 시민단체가 꼭 보존해야 할 건물이라며 남산 별관의 철거를 반대했습니다. 그러다 시장이 바뀐 후 예장자락 공원화 계획에 보존 의견이 절충적으로 반영됩니다. 남산을 가로막은 두 건물을 철거하고 공원을 조성하되 아픈 역사의 흔적은 남기기로 한 겁니다. 구체적으로는 중정 6국의 잔해를 남기고 지하고문실을 재현한 인권 전시공

간을 조성하기로 하지요. 그 결과 공원 중앙에 빨간 우체통처럼 생
긴 '기억 6'이라는 조그만 인권 전시관이 조성됩니다. 그리고 전시
관 앞에는 중정 6국의 잔해를, 또 그 옆에는 공원 조성 과정에서 발
굴된 조선총독부 관사 터를 보존 전시합니다. 정리해보면 꽉 막혔던
예장자락이 아픈 근현대사를 기억하는 열린 공간으로 재탄생한 겁
니다.

풍경은 회복하되 기억은 말소하지 않았다. 이게 핵심인 거지요?

서울시청 남산 별관(과거 중앙정
보부 6국)과 TBS 교통방송 청사
(과거 감찰실 및 사무실)를 철거하
고 조성한 예장공원. 풍경 회
복과 기억 보존의 함수 관계를
잘 풀어내며 시민 공간으로 재
탄생했다. 보존의 초점을 '건조
물'이 아닌 '기억'에 맞춘 결과
다.

기억 6의 전경(왼쪽)과 지하 고문실을 재현해 놓은 내부 모습(오른쪽). 시대의 아픔이 서린 중정 6국은 잔해와 재현으로 그 아픔을 기억한다.

기억 6 옆의 조선총독부 관사 터. 아픈 역사가 중첩되어 있다.

그렇지요. 그게 핵심입니다. 기억과 풍경의 복원.

그런데 과거를 좀 더 적극적으로 기억하려면 옛 중정 6국을 온전히 보존하는 편이 더 좋지 않았을까요? 인권을 주제로 한 역사박물관으로 만들어도 괜찮았을 것 같은데요.

중정 6국이 도심 한복판에 있었다면 그랬을지 모릅니다. 하지만 남산의 풍경을 해치는 건물인지라 온전히 남기기 어렵다고 판단한 듯합니다. 게다가 중정 6국의 건축사적 가치가 뛰어난 것도 아니고요. 실제 모습보다는 남산이라는 대명사로 기억되는 공포에 주목해서 풍경도 회복하고 기억도 남기는 절충안을 선택한 게 아닌가 싶습니다.

한 마디로 괜찮은 해법이었다고 보시는 거네요.

그렇습니다.

그런데 듣다 보니 남산은 그에 얽힌 아픈 역사를 기억하기 어려운 곳 같아요. 일제강점기의 흔적도 거의 다 사라졌고 옛 안기부 건물에서도 시각적으로는 과거사를 눈치채기 어렵잖아요.

그래도 서울시가 기억을 보존하려고 애를 많이 쓴 것 같습니다. 혹시 남산에 인권길과 국치길이 있다는 걸 아시는지요?

글쎄요. 처음 듣습니다.

몇 년 전 서울시가 남산에 인권길과 국치길이라는 역사 탐방로를 조성했습니다. 인권길은 옛 중정(안기부) 건물과 그 터를 이어주는 코스입니다. 앞서 말씀드린 옛 중정 6국(현재 '기억 6')에서 중정 5국(현재 서울시청 남산 1별관)까지 이어지는 코스지요. 가보시면 각 장소(지점)마다 안내판이 설치되어 있고 핸드폰으로 QR코드를 찍으면 음성해설도 들을 수 있습니다. 그리고 국치길은 일제강점기의 주요 장소들을 이어주는 코스입니다. 통감관저 터에서 시작해 조선신궁 터까지 이어지지요. 국치길 역시 각 장소(지점)마다 일제강점기의 아픈 역사를 설명해주는 안내 조형물이 설치되어 있습니다. 마찬가지로 핸드폰으로 음성해설도 들을 수 있고요.

일종의 관람 동선을 만든 거네요.

그렇지요.

탐방로를 찾는 이가 많나요?

많지 않은 듯해요. 남산이 온전히 시민의 품으로 돌아온 게 아니잖아요. 인권길의 옛 중정(안기부) 건물들 일부는 관공서로 쓰이고 국치길의 일제 흔적들도 사유 시설 안에 있어요. 한 마디로 물리적, 심리적 접근성이 떨어지지요.

결국 남산이 온전히 시민의 품으로 돌아와야 역사 탐방로도 빛을 본다는 이야기네요.

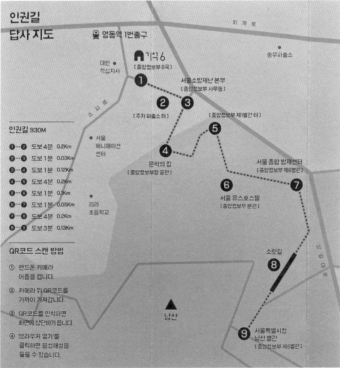

국치길(위)과 인권길(아래) 코스(출처: 서울시 남산 답사 안내 브로슈어). 남산에 서린 역사적 아픔을 기억하는 역사 탐방로다.

아무래도 그렇겠지요. 하지만 지금까지의 상황을 볼 때 가까운 미래에 남산이 온전히 시민의 품으로 돌아오긴 힘들 것 같아요.

역사 탐방로도 빛을 보기 힘들겠네요.

그렇다고 낙담할 필요는 없을 것 같아요. 인기가 기억의 가치를 결정짓는 건 아니니까요.

저도 그렇게 생각합니다. 한 번 가봐야겠어요.

네, 가볼만합니다. 그리고 시간이 되면 회현자락도 한 번 가보세요.

회현자락의 한양성곽길 말씀하시는 거지요?

네. 성곽길을 따라 올라가다 보면 안중근 의사 기념관이 나오잖아요. 바로 앞에 최근 개장한 야외 유적 전시관이 있습니다. 앞서 이야기한 것처럼 남산 르네상스에는 회현 자락의 성곽 복원 계획이 있었습니다. 남산의 역사성 회복 차원에서 한양성곽을 복원한다는 계획이었지요. 성곽 복원은 2009년부터 세 단계에 걸쳐 진행되었습니다. 그리고 마지막 단계에서 한양성곽과 조선신궁의 유구가 발굴되었지요. 그래서 발굴 상태 그대로 유구를 보존, 전시하기로 합니다. 남산 풍경을 존중하는 조심스런 개입으로 말이지요. 가보시면 아시겠지만, 현장에는 우천시 유구를 보호하기 위한 지붕과 관람 데크 같은

（２２）　　　　　　　　　　殿　拜

조선신궁 배전(1925년 촬영, 출처: 서울역사아카이브)과 배전 터(2020년 공개)의 모습. 평면으로 남아 역사적 상상을 촉발하는 힘은 떨어지지만, 지문처럼 남은 흔적은 현장에서 역사를 증언한다.

최소한의 시설만 있습니다. 덕분에 남산의 풍경을 누리면서 편안히 유구를 둘러볼 수 있습니다.

회현자락에 가면 조선 시대와 일제강점기의 흔적을 같이 볼 수 있는 거네요.

정확히 이야기하면 일제가 조선의 역사를 덮어쓴 흔적을 고스란히 볼 수 있는 거지요. 앞서 이야기했듯 일제가 조선신궁을 한양성곽을 파괴하고 바로 그 자리에 세웠거든요. 그러니까 그 파괴의 역사를 고스란히 볼 수 있는 겁니다.

그렇군요. 이야기를 듣다 보니 일제강점기부터 근현대까지 남산 르네상스 사업으로 역사의 적층이 좀 더 두터워진 듯합니다.

바로 그 부분이 남산 르네상스 사업에서 주목해야 하는 부분입니다.

높게 평가해야 한다는 이야기지요?

그렇습니다. 역사를 있는 그대로 교훈으로 남겼으니까요.

이야기를 나누다 보니 故 박원순 시장 시절 남산이 더 건강한 방향으로 변화했다 평가하시는 듯합니다. 그렇게 보시는 거지요?

한양 도성 유적 전시관(보호각). 최소한의 개입
으로 한양성곽 유구를 보호하는 야외 유적 전
시관은 남산의 풍경을 그리고 남산에서 보는
풍경을 배려한 유구 보존 시설이다.

맞습니다. 남산에는 크게 풍경 회복, 기억 보존, 시민의 권리 회복이라는 세 가지 과제가 있다고 봅니다. 故 박원순 시장 시절 서울시가 주도한 남산의 변화는 한정적이긴 하지만, 이 세 가지 과제를 충실히 수행했다고 봅니다.

혹시 故 박원순 전 시장에 대한 정치적 호감이 선생님의 평가에 영향을 미친 건 아닐까요?

오해는 하지 않으셨으면 합니다. 순전히 역사와 도시의 관점에서 말씀드리는 거니까요. 결과적으로 보면 전임 시장의 계획을 후임 시장이 업데이트해 완성한 거니까 두 분 모두 남산의 변화에 공이 있는 거고요.

그러니까 두 시장이 추구한 길은 달랐지만, 남산에서만큼은 시차를 두고 함께 좋은 성과를 만들어냈다는 이야기군요.

그렇지요.

마무리가 훈훈하네요.

역사와 도시를 논하는데 불필요한 정치적 선호가 끼어들 이유는 없으니까요.

전통이라는 이름의 면죄부: 한옥 호텔

최근 이슈를 하나 이야기해보지요. 남산 장충자락에 있는 신라호텔 아시지요? 뉴스를 보니까 신라호텔 옆에, 그러니까 호텔 부지 안에 한옥 호텔이 들어선다고 합니다.[18] 어떻게 생각하시는지요?

당혹스럽지요. 남산의 풍경을 회복한다, 남산을 시민에게 돌려준다, 이런 게 1990년대 남산 제 모습 찾기 이후 서울시가 남산에 가진 비전이었거든요. 그런데 신축이라니요.

한옥 호텔은 괜찮지 않나요? 규모도 작고, 한옥이잖아요.

남산 제 모습 찾기 할 때 단독주택들도 철거했어요. 그런데 한옥이니까 신축해도 된다? 한옥이라고 하면 지켜야 할 아름다운 전통문화라는 생각부터 떠오르니까 문제의 본질이 덮이는 거예요.[19] 남산에 필요한 건 신중한 빼기지 더하기가 아니에요. 한옥이라고 배타적 개발에 대한 면죄부를 받을 수는 없습니다.

그래도 한옥인데 사업자는 좀 야박하다고 생각하지 않을까요?

한옥을 한두 채 짓는다면 모르겠어요. 그런데 자세히 들여다보면 그게 아니에요. 한옥 호텔의 지상 면적만 1000평이 넘습니다. 한옥 호텔만 신축하는 게 아니에요. 더 큰 면적의 면세점도 신축하지요. 그러니까 실제로는 면세점이 주고 한옥 호텔이 부인 대규모 개발 사업인 겁니다.

한옥이 아니라 대규모 개발 사업에 초점을 맞추어 사안을 들여다봐야 한다는 말씀이시군요.

그렇지요.

서울시의 비전이랑 맞지 않는 거 같은데 허가를 내줬네요.

그러니까요. 이 개발 사업은 지상 2층, 지하 8층(주차장 포함) 규모에요. 연면적으로는 1만 7000평 정도 되지요. 이건 남산에 생태적으로 폭력적인 규모입니다. 남산자락에 이 정도 규모의 개발 사업이 가능하다는 사실이 놀라울 따름입니다.

관광산업 활성화 측면에서 긍정적으로 볼 수 있는 거 아닌가요?

관광산업 활성화도 중요하지요. 하지만 목적이 수단을 정당화하면 안 됩니다. 남산은 누구나 쉽게 즐길 수 있는 공유 공간이자 생태 공간이어야 합니다. 그러려면 일정 수준 이상의 소비력을 갖춘 계층을 위해 남산을 배타적으로 개발하는 일은 없어야 합니다. 그 대상이 외국인이더라도 마찬가지입니다.

뉴스를 보니까 신라호텔에서 진입로 일대를 전통공원으로 조성해 시민에게 개방한다고 합니다.[20] 그렇다면 배타적 개발이라고만 보기 어려운 거 아닌가요?

배타적 개발에 대한 대가로 조성하는 시민 공간이잖아요. 남산의 바람직한 변화상을 생각하면 현재의 진입로는 배타적 개발 없이 시민 공간이 되어야 하는 곳이에요.

어쨌든 남산에 한옥 호텔이 들어서면 외국인 관광객에게 인기가 있을 것 같긴 하네요.

우리가 남산까지 희생해가면서 외화벌이를 해야 하는 상황은 아니잖아요. 외화벌이가 절실했던 산업화 시기라면, 고급 숙박 시설을 찾기가 어려웠던 과거라면 모르겠지만 지금 굳이 남산에 호텔을 더 지을 이유가 있나요? 아무리 생각해봐도 기업의 이익 외에는 개발 타당성을 찾기가 어렵네요.

한옥 호텔로 한옥의 매력을 세계에 알릴 수 있다면 어떨까요?

그러면 좋지요. 그런데 왜 남산이냐는 거지요. 남산에 한옥 호텔을 지어야만 한옥의 매력을 알릴 수 있는 게 아니잖아요.

단호하시네요.

저도 이런 이야기를 하는 게 부담스럽습니다. '개발은 발전'이라는 인식이 강한 사회에서, 개발을 반대하는 이야기를 하는 것은 자칫하면 기업의 경제활동을 반대하는 것처럼 보일 수 있거든요. 저는 그저 도를 넘는 경제활동과 개발을 반대하는 것뿐인데 말이지요.

그래서 저도 최대한 기업 입장에서 질문해보는 겁니다. 어떻게든 개발에 대해 호의적인 의견을 들어보려고요. 계속해서 기업 입장에서 질문하겠습니다. 남산 한옥마을도 남산자락에 있잖아요. 그렇다면 한옥 호텔 신축도 긍정적으로 받아들일 수 있는 거 아닌가요?

남산 한옥마을은 공공문화시설로 남산자락을 배타적으로 점유하지 않습니다. 그리고 가 보시면 아시겠지만, 남산 한옥마을은 남산 풍경과 융화되고 남산 가는 길도 열어줍니다.

호의적인 의견을 듣기는 힘들겠네요.

언론의 보도만 보면 한옥 호텔 개발은 축하할만한 일인 듯 보입니다. 하지만 신라호텔 증축은 반反생태적, 배타적 개발의 확장임을 부인할 수 없습니다.

남산의 호텔들

　남산자락은 시민들을 남산으로 인도하는 심리적, 물리적 진입로다. 그렇다면 이곳에는 풍경을 해치지 않는 공공시설만 들어서야 한다. 하지만 현실은 그렇지 못하다.

힐튼호텔

신라호텔
서울클럽
반얀트리호텔/클럽앤스파

하얏트호텔

　남산(자락)을 배타적으로 점유한 고급 호텔과 사교클럽 들이다. 오른쪽 상단부터 시계방향으로 장충자락의 신라호텔, 서울클럽, 반얀트리호텔(반얀트리클럽앤스파), 한남자락의 하얏트호텔, 회현자락의 힐튼호텔. 배타적 소비 공간이 공유자산인 남산을 전유하고 가로막아도 되는가? 그래서 남산의 풍경을 독점하고 시민의 자유로운 접근을 막아도 좋은가?

남산 한양성곽 길에서 바라본 신라호텔(왼쪽)과 가까이에서 본 신라호텔(오른쪽). 분양 광고처럼 생뚱맞은 스케일의 거대한 모노리스가 시야에 들어온다. 장변이 120미터에 달하는 23층짜리 병풍형 호텔은 남산과도, 바로 옆 문화유산(한양성곽)과도 어울릴 의사가 없다.

신라호텔 면세점 옆 한양성곽길(위)과 신라호텔 옆 한양성곽길(왼쪽). 장충자락을 배타적으로 점유한 신라호텔 덕에 한양성곽 길은 뒷길이 되었다. 대접받는 모양새만 보면 한양성곽길은 문화유산보다 대지 경계선에 가깝다.

현대건축 유산의 위기: 힐튼호텔 철거

최근 이슈를 하나 더 이야기해보지요. 앞서 언급한 남산 힐튼호텔이 2022년 12월 31일에 영업을 종료했습니다. 한 자산운용사가 힐튼호텔을 인수했는데 호텔을 철거하고 그 자리에 호텔과 오피스, 상업 시설을 갖춘 더 큰 용적의 복합시설을 신축할 계획이라고 하더군요.[21] 어떻게 생각하시는지요?

현대건축 유산을 철거하는 것도 문제고 남산자락에 더 큰 용적으로 재건축을 하는 것도 문제라고 봅니다.

힐튼호텔을 건축 유산으로 보시는 건가요?

네. 힐튼호텔은 한국 현대건축사의 기념비적 건축 유산입니다. 힐튼호텔은 서구를 뒤쫓던 한국 건축이 세계 무대에 올릴만한 건축적 쾌거를 이룬 몇 안 되는 사례 중 하나입니다. 그래서 건축계에서는 한 시대의 건축적 성취라고 이야기합니다.

보통 건물이 아닌 건 알았지만, 그 정도인 줄은 몰랐네요.

힐튼호텔의 입면. 간결한 세련됨이 돋보인다. 지금도 이러한 매력을 가진 건축물을 보기 쉽지 않다.

힐튼호텔의 외관은 엄격한 질서의 아름다움을 보여줍니다. 간명함이 돋보이지요. 가만히 보면 건물에서 기품마저 느껴집니다. 이는 대칭 형태의 간결미와 함께 마감 재료를 다루는 기법이 섬세하고 세련된 탓입니다. 그리고 로비를 보면 커다란 천창에서 빛이 쏟아집니다. 자연광이 보드랍게 로비로 스며들지요. 힐튼호텔이 지어질 당시 국내에서 이런 건축을 보기란 쉽지 않았습니다.

그런가요? 들을수록 대단한 건물 같기는 한데, 아직 정확하게는 잘 모르겠습니다.

아마도 세월이 흘러 이후 만들어진 세련된 건축물을 많이 접한 탓일 겁니다.

여하간 힐튼호텔은 철거를 문제 삼을 만큼 건축사적 의미가 깊은 건물이라는 이야기지요?

네. 바꾸어 말하면 보존 대상이라는 이야기고요.

그런데 현대건축물을 보존해야 한다는 이야기는 다소 익숙지 않습니다.

역사적 혹은 문화적 가치가 있다면 현대건축물이라 해도 보존해야 합니다. 시간이 흐르면 현대 역시 과거가 되기 때문이지요. 현대건축물이라는 이유로 남겨야 할 건물을 남기지 않는다면 건축사와 건축문화는 그만큼 빈약해질 수밖에 없습니다.

그렇다면 건축계가 나서서 철거 문제를 이슈화해야 하지 않을까요?

그러면 대중이 관심을 보일 것이고 철거 계획이 변경될지도 모르잖
아요.

글쎄요. 철거 문제를 이슈화한다 해도 대중의 호응은 크게 없을 듯
합니다.

왜 그렇게 생각하시지요?

힐튼호텔 로비 풍경. 정문을 지
나 로비에 들어서면 경사진 대
지를 활용해 만든 18미터 높이
의 아트리움이 나온다. 아트리
움 상부의 커다란 천창을 통해
로비로 빛이 쏟아진다.

몇 가지 이유를 추론해볼 수 있는데요. 우선 힐튼호텔은 외관상 인스타그래머블Instagrammable하지 않아요. 모더니즘 건축의 정갈한 맛을 격조 있게 보여주지만 한눈에 대중의 시선을 사로잡는 건물은 아니지요. 그리고 현대건축물은 양식적 성격이 강한 역사 건축물에 비해 주변 건물들과 외관이 크게 구분되지 않습니다. 그래서 보존의 대상으로 인식되기 어려운 측면이 있지요. 그리고 마지막으로 특급호텔은 대중과 애착 관계를 형성할만한 용도가 아니에요. 다시 말해서 누구나 편히 접했던 기억이 축적된 장소가 아니지요. 종합해보면 이러한 이유들로 힐튼호텔의 철거 문제는 대중의 관심을 끌기 어려울 겁니다.

말씀하신 내용 중에 인스타그래머블하지 않다는 표현이 와닿네요. 만약 힐튼호텔의 외관이 인스타그래머블하다면 이야기가 좀 달라질까요?

아무래도 철거 이슈의 대중화에 도움이 되겠지요. 대중이 느끼는 아름다움이 보존의 동인이 될 수도 있으니까요. 하지만 착각해서는 안 됩니다. 인스타그래머블한 건축만이 매력적인 건축은 아닙니다. 시각적 아름다움이 건축의 보존가치를 판단하는 유일한 잣대도 아니고요.

그렇군요. 하지만 대중의 호응이 없다면 현대건축물의 보존 가치를 이야기할 수 없는 것 아닌가요?

글쎄요. 국가에서 문화재를 지정할 때 인기투표를 하는 건 아니잖아요. 전문가들의 의견을 바탕으로 하지요. 현대건축물의 보존 가치 역시 전문가들의 의견을 바탕으로 판단할 사항 아닐까요?

대중의 관심은 그리 중요하지 않다는 이야기인가요?

아니요. 중요하고 필요해요. 보존의 동력 중 한 축이 될 수 있으니까요. 하지만 관련 지식인들의 의견이 기본 바탕이 되어야 해요. 그러니까 그들의 의견이 힘을 발휘해야 해요. 안 그러면 사회와 대중의 무관심 속에 중요한 문화자산(건축 유산)을 잃어버릴 수 있어요.

건축계의 의견이 가장 중요하겠네요.

건축계를 필두로 한 관련 지식인들의 의견이 중요하지요. 그런데 현실은 건축계의 의견보다 자본의 논리가 힘이 더 세 보여요. 이걸 극복해야 건축 유산을 제대로 보존할 수 있는데 자본주의 현실에서는 녹녹지 않은 일이지요.

또 한 번의 풍경 위기: 힐튼호텔 재건축

한 가지 궁금한 것이 있습니다. 앞서 힐튼호텔이 남산 풍경을 차단해 달갑지 않다고 하셨거든요. 그럼 힐튼호텔을 보존할만한 건축 유산으로 보는 건 무리 아닌가요?

건축물의 보존 가치를 경관적 측면에서만 판단할 수는 없습니다. 해당 건축물에 녹아있는 건축적 사유와 시대적 가치 등을 종합해서 판단할 문제지요.

앞서 이야기한 남산 제 모습 찾기를 떠올리면 힐튼호텔도 철거하는 게 이치에 맞는 것 같은데요.

경관만 놓고 보면 그렇지요. 그래서 저층 일부만 존치하고 철거하는 것이 이상적인 해법이라고 생각합니다.

재건축 없이 말이지요?

그렇습니다. 경관도 회복하고 현대건축사의 한 조각도 남기자는 거지요.

듣다 보니 이런 의문도 듭니다. 힐튼호텔의 건축가는 왜 남산 경관을 고려하지 않았을까요? 이런 경우 건축가가 설계를 잘못했다고 볼 수 있는 거 아닌가요?

의뢰인이 큰 건물을 지을 수 있는 땅에 큰 건물을 설계해달라고 하면 건축가는 그 안에서 최선을 다할 수밖에 없습니다. 그러니 경관의 문제를 온전히 설계의 문제로 치환하는 것은 무리입니다. 다시 말해서 경관 문제는 기본적으로 대지에 허용된, 그래서 요구된 규모의 문제지 설계 자체의 문제로 보기는 어렵습니다.

건축가의 책임이 아니라는 이야기인가요?

대규모 호텔 설계를 의뢰받은 건축가가 임의로 규모를 축소할 수는 없는 노릇이니까요. 건축가는 요구된 규모 안에서 경관을 배려할 수밖에 없습니다.

지금의 힐튼호텔을 보면 그냥 넙데데하게 크기만 한데요.

힐튼호텔을 자세히 보시면 남산을 향해 건물 양쪽이 살짝 꺾였습니다. 이건 소극적이나마 힐튼호텔이 남산이라는 땅의 형국에 조응하려 했다는 증거에요. 다시 말해서 건축가가 나름 남산을 의식한 거지요.

그런가요?

네. 한 번 상상해보세요. 만약 힐튼호텔이 일자로 서 있다면 상당히 오만해 보였을 거예요. 다시 말해서 남산을 개의치 않는 태도가 더 명확한 건물로 보였을 겁니다.

조금 더 적극적인 방법은 없었을까요? 예를 들어 호텔을 여러 동으로 나누었다면 몸집도 줄고 건물 사이로 남산도 보이지 않았을까요?

그랬다면 좋았겠지요. 혹시 남산 장충자락 앞(동국대학교 앞)에 있는 녹슨 철판 마감의 건물(디자인하우스 사옥)을 보신적 있으신가요?

글쎄요. 오다가다 본 것 같기도 합니다.

원래 그 건물은 한 덩어리의 큰 건물이 될 운명이었습니다. 의뢰인이 건축가에게 그렇게 설계를 의뢰했거든요. 그런데 건축가가 의뢰인을 설득해 건물을 네 동으로 나눈 거예요. 덕분에 지금은 동 사이의 공간을 통해 남산 방향의 풍경이 맞은편 동네까지 전달되지요.

힐튼호텔도 그렇게 설계했다면 좋지 않았을까요?

병풍 형태의 힐튼호텔의 모습은 서울역과
남산 사이에서 지양해야 할 앉음새를 보여
준다.

글쎄요. 건축가가 그런 생각을 해봤는지 알 수는 없지만, 현실적으
로 어려운 일이었을 거예요. 여느 호텔처럼 힐튼호텔의 상층부도 객
실 층이에요. 다시 말해서 호텔을 여러 동으로 나누려면 객실 층을
여러 동으로 나누어야 하지요. 그렇게 하면 관리 동선이 길어져서
관리 효율이 떨어져요.

호텔 건축의 특성상 여러 동으로 나누어 설계하기 어려웠을 거라는
이야기군요.

그렇지요. 호텔들을 한 번 떠올려 보세요. 성격이 다른 객실 상품군
으로 구성되거나 복수의 브랜드가 입점하는 경우를 제외하고는 객

장충동 디자인하우스 사옥(구 웰컴시티사옥, 1999년 준공, 승효상 설계). 허용된 몸집을 쪼개어 주변과 어울리며 경관을 공유한다. 그리하여 건축이 지향해야 할 윤리적 태도를 보여준다.

실 동이 분리된 경우를 찾기 힘듭니다.[22]

그렇다면 호텔을 서울역-남산 흐름에 맞서지 않게 동서 방향으로 비켜서 배치하면 좋지 않았을까요?

그것도 매우 힘든 이야기에요. 어떤 용도의 건물이든 남산 조망을 포기하면서까지 경관을 배려한다는 건 현실성 없는 이야기에요. 생각해보세요. 어느 클라이언트가 그걸 받아들이겠어요? 내 건물이고 부동산인데. 설사 그렇게 배치한다 해도 여전히 남산과 장벽은 어울리지 않아요.

규모를 극복하고 풍경을 배려한다는 게 쉬운 일이 아니군요.

그럼요. 건물의 용도와 기본적인 조망 욕구까지 고려하면 더욱 어려운 이야기지요.

그렇다면 힐튼호텔을 더 큰 용적으로 재건축한다고 할 때 남산 경관이 더 답답해지는 거 아닌가요?

그러기가 쉽지요. 물론 사업자와 건축가 그리고 허가권자가 더 좋은 경관을 만들기 위해 노력하길 바라지만, 용적을 극복하고 경관을 배려하기란 쉽지 않을 거예요.[23]

결국 더 큰 용적으로 재건축될 수 있다는 게 문제의 핵심이네요.

정확히 이야기하면 남산자락에서 지금보다 두 배 정도 더 크게 그리고 높이도 90미터까지 신축할 수 있다는 게 문제지요. 도시관리계획이 그렇게 되어 있거든요.

정말 극복하기 쉽지 않겠네요.

룰이 그러하니까요.

엇갈린 건축 유산의 운명

지금까지의 이야기를 보면 건축 유산 보존 문제에 있어서 자본의 논리가 문화적 당위성을 앞선다고 정리할 수 있습니다.

그렇지요. 건축에서 자본의 논리는 보통 용적의 논리를 의미합니다. 건축 유산의 보존을 논하는 입장에서 보면 허무할 만큼 명쾌하지요. 당연한 이야기지만 용적과 이윤은 보통 비례합니다. 자본주의 사회에서 용적의 논리를 이기기 어려운 이유지요. 이런 이유로 용적은 근현대건축 유산 보존에 있어 가장 큰 걸림돌이 됩니다. 그걸 선명하게 대조해서 보여주는 사례가 힐튼호텔과 삼일빌딩이지요.

청계천로에 있는 삼일빌딩 말씀하시는 거지요?

네. 맞습니다.

그 빌딩도 건축사적 의미가 깊은 건물이군요.

힐튼호텔 이상으로 건축사적 의미가 깊은 건물이지요. 삼일빌딩은 한국 마천루의 효시라 불리는 건물입니다. 삼일빌딩은 1970년 준공된 건물로 31층 규모에 높이가 114미터입니다. 당시 고층 빌딩들이 보통 20층대였으니까 상당히 획기적인 높이의 건물이었지요. 참고로 삼일빌딩은 1985년 63빌딩이 여의도에 들어서기 전까지 국내 최고층 빌딩이었습니다. 삼일빌딩은 당시로서는 초고층 철골구조[24]에 커튼월 방식[25]을 적용한 국내 최초의 빌딩이기도 합니다. 다시 말해서 오늘날 우리가 흔히 보는 고층 빌딩의 효시가 된 최초의 현대적 빌딩이지요.

삼일빌딩이 현대건축사에서 상당히 중요하다는 이야기네요. 조국 근대화의 랜드마크 같은 존재였던 것 같습니다.

그렇지요. 과거 삼일빌딩은 삼일아파트가 늘어선 청계고가도로와 함께 조국 근대화를 상징하는 한 장면이었습니다. 당시 1970년의 상황을 볼까요? 한국의 1인당 명목 GDP는 275달러였습니다. 북한은 384달러였지요. 농촌 지역의 주택 대부분은 초가집이었고 서울의 판잣집(무허가 불량주택) 비율은 30퍼센트가 넘었습니다. 한 마디로 고도성장기에 있었지만, 아직 가난한 시절이었지요. 이런 상황에서 도심 중심부에 현대식 마천루가 들어선 겁니다. 그러면서 삼일빌딩은 청계고가도로와 함께 고도 성장과 조국 근대화를 상징하는 이정표가 되지요.

여러모로 의미가 깊은 빌딩이네요.

그렇지요. 무엇보다 삼일빌딩은 세련미가 돋보이는 건물입니다. 자세히 보면 삼일빌딩은 안정적인 비례를 바탕으로 뛰어난 간결미를 자랑합니다. 특히 세장한 비율로 반복되는 입면의 매력이 일품이지요. 참고로 이 건물은 공간과 입면 모두 3의 배수로 구성되어 있습니다. 창의 사이즈는 폭 0.9미터에 높이 2.7미터, 스팬드럴spandrel은 폭 0.9미터에 높이 0.6미터, 기둥 간격은 9미터, 층고는 3.3미터, 정말 극도로 정갈한 질서를 보여주지요. 정리해보면 삼일빌딩은 가장 간결한 형식(질서)을 바탕으로 균질 공간을 제공하는 아름다운 마천루입니다.

여러모로 정말 보통 빌딩이 아니네요. 이런 삼일빌딩이 용적률 덕분에 살아남았다는 건가요?

맞습니다. 삼일빌딩도 힐튼호텔을 매입한 자산운용사가 매입했습니다. 하지만 자산운용에 대한 포트폴리오는 달랐습니다. 용적률 때문이지요. 삼일빌딩의 용적률은 1700퍼센트가 넘습니다. 삼일빌딩을 신축하면 용적률이 600퍼센트로 대폭 감소합니다. 그리고 높이도 114미터에서 70미터로 훨씬 더 낮아지지요.[26] 그래서 투자자가 힐튼호텔과 달리 리모델링을 선택한 겁니다.[27] 삼일빌딩은 2020년에 원형을 최대한 존중하며 리모델링되었습니다.

그러니까 힐튼호텔은 허용용적 미달로 재건축되지만, 또 다른 기념비적 건축 유산인 삼일빌딩은 허용용적을 초과한 덕에 리모델링됐다는 이야기네요. 한 마디로 용적이 두 건축 유산의 운명을 갈라놓았군요.

그렇지요.

조국 근대화 풍경의 탄생과 소멸

　과거 박정희 정권은 청계천을 빈곤의 풍경에서 조국 근대화의 풍경으로 드라마틱하게 바꾸어놓았다. 청계천변 판자촌 풍경이 청계고가도로와 삼일빌딩 그리고 삼일아파트로 천지개벽한 것이다. 이는 정권의 집권 정당성을 강화하기 위한 프로파간다의 성격을 지니고 있었다. 세월이 흘러 프로파간다는 소멸했고 부동산 가치가 충만한 삼일빌딩만 살아남았다.

청계고가도로 건설 현장 옆 무허가 판자촌(1969년 촬영, 출처: 서울역사아카이브). 저개발 국가에서 흔히 목격되는 비공식 정착촌informal housing의 모습을 보여준다.

삼일빌딩과 청계고가도로(출처: 서울역사아카이브, 왼쪽: 1982년 촬영, 오른쪽: 1981년 촬영). 삼일빌딩과 청계고가도로 그리고 양옆에 늘어선 삼일아파트는 '직선'과 '효율'의 도시 개발상을 대변한다.

리모델링을 마친 삼일빌딩. 삼일빌딩 리모
델링은 보존형 리모델링의 정수를 보여준
다. 원형 복원에 충실한 외관과 새로이 조성
한 지하 선큰sunken과 원형 계단은 원작이 가
진 질서미를 유지하며 새로움을 더해준다.

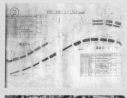

청계3가 사거리에서 본 동대문 방향 청계천 풍경. 청계고가도로는 시대가 바뀌면서 경관과 환경 등에 문제를 초래하는 흉물로 인식되었고 철거대상으로 전락했다. 청계고가도로는 2003년 철거되었고 복개되었던 청계천이 복원되었다.

① 청계고가도로(1969~1976 조성) 양옆의 삼일아파트(1970년대 촬영, 출처: 서울역사아카이브), ② 삼일아파트 배치도(1972, 출처: 서울역사아카이브), ③ 삼일아파트(창신동), ④ 삼일아파트(숭인동), ⑤ 삼일아파트가 철거된 자리에 들어선 황학동 롯데캐슬베네치아(출처: 서울역사아카이브), ⑥ 황학동 롯데캐슬베네치아(출처: 서울역사아카이브).

삼일아파트(총 24동, 7층, 1243가구)는 1969년 청계고가도로(현재 복개된 청계천)를 중심으로 12동은 고가 북쪽(종로구 창신동, 숭인동)에 그리고 12동은 고가 남쪽(중구 황학동)에 들어섰다. 이후 청계천 복원 시점(2003~2005)에 청계천 북쪽의 12개 동은 지상 2층만 남기고 철거(2005)되었고 청계천 남쪽의 12개 동은 황학동 롯데캐슬베네치아로 재개발(2008)되었다. (그런데 청계천을 꼭 베네치아로 소비해야 할까? 베네치아 위의 캐슬을 보면 호부호형하지 못하는 홍길동의 비애가 떠오른다.)

삼일빌딩과 힐튼호텔의 건축 유전자, 미스 반 데어 로에

　힐튼호텔과 삼일빌딩은 서로 닮았다. 단순한 검은색 사각 박스와 반복되는 정갈한 입면, 한 마디로 두 건물은 최소한의 질서로 단순한 세련미를 발산한다. 이들이 이렇게 닮은 데는 이유가 있다. 두 건물을 설계한 건축가들이 모두 앞선 시대의 한 거장으로부터 영향을 받았기 때문이다.

　힐튼호텔을 설계한 이는 건축가 김종성[28]이고 삼일빌딩을 설계한 이는 건축가 김중업[29]이다. 두 인물 모두 한국 현대건축 1세대에 해당한다. 김종성은 근대건축의 거장 중 한 명인 미스 반 데어 로에[30]의 제자로 그의 건축 철학을 승계했고 김중업은 미스가 설계한 시그램빌딩Seagram Building을 참조해 삼일빌딩을 설계했다. 힐튼호텔과 삼일빌딩이 같은 문법을 공유하는 이유다.

시그램빌딩(뉴욕 맨해튼, 미스 반 데어 로에 설계, 저작권자: Ken OHYAMA, 출처: 위키피디아). 마천루의 정석을 제시한 시그램빌딩은 균일한 격자 체계를 바탕으로 균질 공간을 제공하며 뛰어난 비례미와 간결미를 자랑한다. 20세기 오피스 건축의 새로운 방향을 제시한 이 빌딩은 철과 유리로 만든 마천루의 아이콘으로 기억된다. 이러한 이유로 뉴욕시는 1989년 시그램빌딩을 랜드마크로 등록, 보존하고 있다.

삼일빌딩(서울 청계천로, 김중업 설계, 저작권자: 장원준).
뉴욕 맨해튼에 시그램빌딩이 들어서고 12년이 지
나 서울 도심에 삼일빌딩이 들어섰다. 삼일빌딩 역
시 철과 유리로 엄격한 질서의 간결미를 보여주며
균질 공간을 제공한다. 삼일빌딩은 시그램빌딩과
매우 닮았지만, 비례와 평면구성에서 차이를 보인
다. 삼일빌딩은 시그램빌딩을 모방했다는 한계를
안고 있으나 그것은 후발 주자의 한계였을 것이다.
바꿔 말해서 당시 한미 간 경제적, 문화적 격차를
떠올리면 삼일빌딩의 모방적 창작은 이해할만한
일이었다.[31]

남산 힐튼호텔(서울 소월로, 김종성 설계, 왼쪽)의 입면과
위로 올려다본 삼일빌딩 커튼월(오른쪽). 시그램빌
딩과 삼일빌딩 그리고 힐튼호텔의 외피는 같은 문
법을 공유한다. 세 빌딩을 자세히 보면 입면의 질서
를 따라 수직 부재가 규칙적으로 돌출된 것을 볼 수
있다. 이 수직 부재(형강)는 빌딩의 '무거움'을 중화
시키며 규칙적 입면과 함께 산업화 시대의 미적 표
준을 제시한다.

건축 유산의 생존을 위한 고민

건축 유산 보존의 당위성이 용적의 논리, 그러니까 자본의 논리를 이겨낼 방법은 없는 건가요?

제도의 힘을 빌리면 됩니다. 다시 말해서 문화재로 등록하면 됩니다. 문화재 보호 제도에 대해 잠깐 이야기해야겠네요. 문화재보호법 상 문화재는 크게 지정문화재와 등록문화재로 나뉩니다. 지정문화재는 보존 가치를 인정받은 개화기 이전 문화유산, 등록문화재는 보존 가치를 인정받은 개화기 이후의 근현대 문화유산으로 이해하면 됩니다.[32] 그러니까 힐튼호텔이나 삼일빌딩 같은 근현대건축 유산을 보존하려면 등록문화재로 등록하면 됩니다.

그럼 힐튼호텔을 등록하면 되는 것 아닌가요?

그게 사실상 불가능합니다. 건축물을 등록문화재로 등록하려면 건설 후 50년이 지나야 하고 소유주 동의도 필요하기 때문이지요.[33] 힐튼호텔은 건설 후 40년이 지났고 소유주는 수익률을 최우선시해야 하는 자산운용사입니다. 현재로서 힐튼호텔의 제도적 보존은 사실상 불가능합니다.

그렇다면 등록문화재 제도에 사각지대가 있는 거 아닌가요?

맞습니다. 근현대건축 유산을 적극적으로 보존하려면 제도의 정비가 필요합니다.

어떻게 해야 할까요?

한꺼번에 바꾸기는 어려울 것 같고요. 연한 기준부터 손보면 어떨까 싶습니다. 예를 들어 뉴욕의 랜드마크보호법Landmarks Preservation Law 처럼 보존 대상의 연한 기준을 30년으로 단축하는 겁니다.[34]

랜드마크보호법이요? 등록문화재 제도에 해당하는 법인가요?

네, 비슷합니다. 뉴욕의 랜드마크보호법은 30년 이상 지난 인테리어부터 건물 외관과 조경 그리고 지구district에 이르기까지 역사적으로나 미적으로 혹은 특별한 특징을 가진 대상을 보존하는 법입니다. 한 마디로 근현대 문화유산을 적극적으로 보존하기 위한 법이지요.

등록 요건을 30년 이상으로 바꾸면 힐튼호텔도 등록 대상이 될 수 있겠네요.

그렇지요.

그런데 한편으로는 이런 생각이 듭니다. 30년은 너무 가까운 과거가 아닐까요? 보존 대상으로 보기 어려운 것 같기도 합니다.

20세기 이후 우리는 격변의 시대에 살고 있습니다. 과거 30년과 최근 30년은 변화를 담아내는 밀도 자체가 다르지요. 예를 들어 조선시대의 한 시점에서 30년 전과 현재 시점에서의 30년 전은 전혀 다른 의미를 지닙니다. 그러므로 과거라는 시점에 대한 인식은 보정되어야 합니다.

연한 기준을 30년으로 바꿀 이유가 충분하다는 말씀이군요.

네. 그리고 30년 기준을 좀 더 유연하게 생각해야 합니다. 다시 말해 연한은 보존 가치를 판단하는 보조적 요건으로 받아들여야 합니다. 예를 들어, 미적으로 뛰어난 건축물이 있는데 누군가 이 건물을 철거하고 개발하려 합니다. 하지만 이 건물은 지은 지 20년밖에 안 지났습니다. 그럼 이 건물을 철거해도 괜찮을까요? 미적 가치가 뛰어난 건물이라면 미래를 위해 그 특징이라도 일부 보존해야 하지 않을까요?

연한 기준을 변경하면서 예외 규정도 마련하자는 거지요?

사실 그런 취지로 지금의 등록문화재 제도에도 50년 연한 조건에 예외 규정을 두었습니다. 긴급 보호 조치가 필요한 경우 50년이 경과하지 않아도 등록문화재로 등록할 수 있게 했지요.

그럼 예외 규정을 유지하고 50년 기준만 30년으로 변경하면 되는 거 아닌가요?

그런데 예외 규정은 현실적으로 활용하기 어렵습니다. 그래서 아예 연한 기준을 없애면 어떨까 싶습니다. 일차적으로는 50년 기준을 30년 기준으로 변경하고 그다음 연한 기준을 없애는 거지요.

아예 없앤다고요?

네. 현 제도상 근현대 문화유산의 보존 당위성을 결정짓는 요건은 크게 두 가지입니다. 보존할만한 가치를 지녀야 하고 연한이라는 정량적 기준도 충족시켜야 하지요. 하지만 연한 부족으로 보존 가치를 지닌 대상이 철거된다면 그것만큼 안타까운 일도 없을 겁니다. 연한 기준은 시간이 지나면 자연히 충족되는데 말이지요. 보존 대상의 소실을 방지하기 위해 연한 기준을 삭제하는 것이 바람직합니다.

파격적인 주장이네요.

도시의 역사가 많이 사라졌잖아요. 미래의 역사문화 도시로 거듭나려면 지금부터라도 적극적으로 노력해야지요.

그렇게 한다면 근현대건축 유산을 제대로 보존할 수 있을까요? 앞서 말씀하신 것처럼 건축 유산을 등록문화재로 등록하려면 소유주의 동의가 필요하잖아요. 소유주 동의 요건도 재고해봐야 하는 거 아닌가요?

소유주 동의 요건을 없애는 것이 능사는 아닌 듯합니다. 과거의 일을 반추해보면 그렇습니다. 등록문화재 제도가 도입된 건 2001년입니다. 2005년 중반까지는 문화재 등록을 신청할 때 소유주 동의가 필수가 아니었지요.[35] 그래서 문화재로 등록될 거라는 이야기가 나오면 오히려 소유주가 건물을 철거하는 일이 많았습니다.[36]

소유주 동의 요건을 없애면 같은 일이 반복될 수 있겠네요.

그럴 수 있지요.

제도만으로는 한계가 있군요.

의식이 뒷받침되어야 해요. 의식이 뒷받침되지 않으면 제도를 보완한다 해도 한계가 있을 거예요. 이런 관점에서 현재의 등록문화재 제도를 자세히 보면 상당히 헐렁하지요. 등록 기준도 그렇거니와 등록문화재로 등록하고 나서도 철거하거나 외관을 크게 변경하는 행

위 모두 신고 절차를 통해 허용하거든요.[37]

그럼 아주 강력한 법을 제정하면 어떨까요? 건물을 철거하거나 리모델링하려면 해당 지자체에 신고하거나 허가를 받아야 하잖아요? 그전에 30년 이상 된 건물은 보존 가치 검토를 신청하도록 의무화하는 거예요.[38] 그래서 지자체가 보존 가치가 있다고 판단하면 일부 혹은 전체의 현상변경금지 명령을 내릴 수 있게 하는 겁니다.

근현대건축 유산의 소실을 원천 봉쇄하는 법을 만들자는 이야기지요? 좋은 생각입니다. 하지만 공감대 형성 없이는 입법이 어려울 겁니다.

결국 의식이 뒷받침되지 않는 한 보존 문제를 풀어가는 건 한계가 있을 거라는 이야기네요.

그렇지요. 그렇다고 의식만 탓할 수도 없어요. 자본주의 사회에서 다수가 잠재적 개발이익을 포기하고 보존에 동의하길 바라는 건 현실적으로 무리라고 봐요. 입장 바꿔 생각해보세요. 내가 가진 건물을 보존하면 기회비용의 손실이 발생해요. 그럼 선뜻 동의하기 어렵지 않겠어요? 게다가 근현대건축물은 역사 건축물보다 보존 대상으로 인식되기 어려운 측면이 있어요. 건축의 가치를 제대로 이해하려면 관심과 공부도 좀 필요해요. 미술 분야와 비슷하지요. 그러니 대중의 의식에만 기대는 것은 한계가 명백해요.

그럼 어떻게 해야 할까요?

일종의 인센티브가 필요해요.[39] 보존에 대한 대가로 기회비용에 대한 경제적 보상을 받을 수 있다면 보존에 동의하기가 좀 더 수월할 겁니다.

건축 유산의 보존 문제를 자본 친화적으로 접근하자는 이야기네요.

맞습니다. 의식 형성의 한계가 명백하다면 그를 보완할 현실적 차선책을 마련해야 합니다.

"서생적 문제의식과 상인적 현실감각"이 필요하다던 故 김대중 전 대통령의 어록이 떠오르네요.

정치에 관한 어록이지만, 문화를 만들어가는 일에도 필요한 태도라고 봐요.[40]

그렇다면 보존에 대한 보상을 어떻게 해야 할까요?

예를 들면 대상지의 잠재적 개발 수익을 바탕으로 현금으로 보상하는 방안도 있고 개발권 양도제TDR를 도입해 적용하는 방안도 있습니다.

개발권 양도제가 무엇인가요?

오래전부터 미국과 일본에서 주로 역사 건축물 보호를 위해 운영해 온 제도인데요. 말 그대로 개발권(용적)을 양도할 수 있는 제도입니다. 개발 제한으로 개발권을 행사하지 못하는 토지주가 고밀 개발이 가능한 다른 토지주에게 개발권을 매매할 수 있도록 하는 제도지요.

우리는 개발권 양도제 도입에 관한 이야기가 없나요?

있습니다. 2007년 서울시가 재개발과 개발권 양도제를 합친 결합개발제도의 시범 운영을 시작했습니다. 결합개발제도는 구릉지의 재개발용적을 역세권의 재개발용적으로 이전해 경관 훼손을 방지하고 역세권을 고밀 개발한다는 취지의 제도입니다. 하지만 이렇다 할 성과는 없는 상황입니다.

시범 운영의 성과가 없을 정도면 개발권 양도제 도입은 힘들다고 봐야 하는 거 아닌가요?

꼭 그렇게 볼일은 아닙니다. 다양한 이해관계를 바탕으로 복잡한 절차를 밟아야 하는 재개발과 처음 시도하는 개발권 양도제를 결합해 놨으니 성과가 없는 것도 이해할만한 일이지요. 일반 재개발도 진척이 없는 경우가 많은데 일을 더 복잡하게 만들어놨으니 성과를 기대하는 것 자체가 무리라고 봅니다.

경제적 보상을 제도화한다면 그만큼 보존에 대한 의무사항도 확실히 제도화해야겠지요?

그럼요. 충분히 보상하는 대신 강력한 보존 의무를 부과하는 겁니다. 건축 유산을 매각해도 보존 의무는 승계되도록 하고 그에 소홀하면 행정명령으로 원상복구나 필요한 조치를 강제할 수 있게 하는 거지요. 한 마디로 주는 만큼 받는 겁니다.

확실한 거래군요.

네. 공익과 사익의 거래지요.

그렇군요. 조선 시대 문화유산도 아니고 근현대건축 유산의 보존을 이야기하다 보니 생각이 좀 복잡해집니다. 이쯤에서 깊은 논의는 숙제로 남겨두고 이 이야기를 마무리할까 하는데 정리를 해주실 수 있을까요?

앞서 이야기했듯 근현대건축 유산을 제대로 보존하려면 제도의 실효성을 확보해야 합니다. 그리고 의식의 변화와 그 한계를 메꿀 보상제도 등 현실적 차선책도 필요하지요. 이렇듯 건축 유산의 생존은 현실적으로 녹녹지 않은 과제입니다. 그런 만큼 관련 전문가들이 적극적으로 논의해야 할 겁니다.

근현대건축 유산 보존 제도들

이 글에서 등록문화재 제도를 중심으로 근현대건축 유산 보존의 법적(제도적)
한계를 논한 이유는 다음과 같다. 첫째, 관련 제도 중 등록문화재 제도의 역사가
가장 길다. 둘째, 그 외 관련 제도들이 있기는 하지만 그 실효성이 등록문화재 제
도를 넘어서지 못하거나, 다소 높다고 볼 수 있는 경우라도 특정 지역으로 한정
된다. 2001년 등록문화재 제도가 도입된 후 2015년 한옥 등 건축자산의 진흥에
관한 법률(이하 건축자산법)이 제정되었으며 2010년부터 최근까지 다수의 지자체
가 미래유산 및 근대건조물 보존 관련 조례를 제정해왔다. 그리고 2015년 서울시
가 역사 도심 기본계획을 수립하며 근현대건축자산을 선정하고 보존을 유도하
는 지침을 내놓았다. 관련 내용을 간략히 소개한다.

건축자산법은 현재의 건축자산을 보존, 활용하거나 미래의 건축자산을 조성
하기 위한 법이며 건축자산을 중심으로 지역 고유의 공간 환경을 조성하기 위한
법이다. 이 법에서 말하는 건축자산이란 지정 혹은 등록문화재가 아닌 건조물 중
현재와 미래에 유효한 역사, 문화, 경관 등의 가치를 지닌 것을 말한다.

건축자산법에 따르면 건축자산을 우수 건축자산으로 등록할 경우 조세 감면
이나 관리에 필요한 기술이나 소요 비용의 일부 혹은 전부를 지원받을 수 있으며
우수 건축자산의 주요 가치를 유지하는 범위 내에서 건축 관계 법령의 특례를 적
용받을 수 있다. 우수 건축자산 등록은 시도지사가 소유자의 신청을 받아 심의를
거쳐 결정하며 등록 요건에 연한 기준은 없다. 우수 건축자산은 신고를 통해 철
거 및 현상 변경이 가능하나 관련 혜택을 받은 경우 현상 변경 시 허가를 득해야
한다. 건축자산법에 따르면 시도지사는 건축자산을 중심으로 지역 고유의 공간
환경 조성을 위해 건축자산 진흥 구역을 지정할 수 있다. 이 경우 해당 구역 내 건
축물은 건축 관계 법령의 특례를 적용받을 수 있다. 하지만 소유주가 우수 건축
자산 혹은 건축자산 진흥 구역 내 건축물에 적용 가능한 건축 관계 법령의 특례
를 잠재적 개발이익에 대한 보상으로 인식하기는 어려울 것으로 판단된다.

미래유산은 지정 및 등록문화재를 제외한 근현대 문화유산 중 미래세대에 남

길만한 가치가 있다고 인정받은 문화유산을 말한다. 미래유산은 지자체장이 소유자 동의하에 심의를 거쳐 선정하며 보호 및 관리는 소유자 등 관계자의 자발성에 기반한다.

근대건조물은 19세기부터 1960년대 이전까지 건립된 건조물 중 지정 및 등록 문화재를 제외한 것으로, 역사적, 예술적, 건축사적 가치를 인정받은 건조물을 말한다. 근대건조물은 지자체장이 심의를 거쳐 지정하며 소유자 혹은 관리자는 관리함에 있어 근대건조물의 본질적인 부분이 훼손되지 않도록 노력해야 한다.

서울시 역사 도심 기본계획(2015)상 근현대건축자산은 보존 가치가 있는 대상으로 분류된 건축물이다. 하지만 기본계획상 관련 지침은 보존을 유도하는 성격을 지녔을 뿐이다.

힐튼호텔 재건축을 공공성 회복의 기회로

다시 힐튼호텔 재건축으로 돌아가보지요. 재건축을 피할 수는 없어
보입니다.

사업자 간 거래가 완료되었으니 특별한 사정이 있지 않은 한 그럴
겁니다.

이제 재건축을 지켜보는 수밖에 없는 건가요?

아니지요. 재건축이 불가피하다면 그 안에서 최선의 대안이 나올 수
있도록 건강한 목소리를 내야지요. 그래서 사업자부터 허가권자까
지 재건축에 관련된 모든 이가 조금이라도 영향을 받을 수 있게 만
들어야지요. 그래야 조금이라도 더 건강한 방향으로 재건축이 진행
될 수 있어요.

그런 목소리를 누가 내지요?

건축계를 중심으로 관련 전문가들이 내야지요. 특히 건축계가 나서

야 해요. 건축계가 현대건축 유산의 철거 문제를 사회적으로 환기하고 건강한 재건축 방향에 대해서 목소리를 내야 합니다.[41]

건축계에 그런 의무가 있나요?

의무는 없지만, 책무가 있는 거지요.

책무요?

힐튼호텔 재건축은 현대건축 유산의 거취(위상) 문제이자 서울의 주요 풍경을 다루는 일이에요. 단순한 개발 사업이 아니지요. 그러니까 제도와 사업 논리에만 맡겨 놓을 일이 아닙니다. 도시 건축의 가치를 가장 잘 이해하는 건축계가 나서야 하는 일이지요. 바꿔 말하면 건축계가 생산적인 담론 생산을 주도해서 조금이라도 더 나은 결과로 귀결되게끔 해야 하는 일입니다.

건축계의 역할이 중요하다는 이야기군요. 힐튼호텔의 재건축 방향에 대해 선생님의 생각을 말씀해주실 수 있을까요?

도시 건축의 기본을 강조하고 싶습니다. 재건축은 최대한 지형의 흐름과 경관을 존중해야 합니다. 구체적으로는 지세의 흐름(서울역-남산)에 맞추어 건물의 저층부를 면面적으로 열어주고, 상층부에는 눈에 띌만한 통경축을 형성해서 보행자들의 접근성과 조망권을 최대한 확보해야 합니다. 이렇게 과거와 달리 공공성과 경관을 고려한 적극적인 노력이 있다면 도시 건축적 관점에서 재건축 명분을 조금이나마 확보할 수 있을 겁니다.

힐튼호텔 조성 당시 부족했던 공공성과 경관에 대한 고민을 이번 기회에 적극적으로 해야 한다는 거군요.

네. 재건축을 피할 수 없다면요. 그리고 한 가지 바람이 있다면 힐튼호텔을 일부라도 남기는 방안을 고민해봤으면 좋겠습니다.

한 조각 기억이라도 제대로 남기자는 이야기지요?

그렇지요.

혹시 구체적인 아이디어가 있으신가요?

상업적 활용을 전제로 한 보존을 기획해보면 어떨까 싶습니다. 예를 들면, 힐튼호텔 재건축 계획에 호텔도 포함되어 있다고 했잖아요. 그렇다면 일부 객실을 파사드와 함께 보존하여 상업적으로 활용하는 겁니다. 다시 말해서 스페셜 에디션 개념의 테마 객실을 조성, 운영하는 거지요. 구체적으로는 힐튼호텔의 객실 한 층을 원형으로 보존(복원), 단장하고 건축가의 이력과 사인, 도면 그리고 건축 철학이 담긴 객실 전용 브로셔도 제작, 배치하는 겁니다.

그러니까 숙박 서비스를 넘어 하나의 문화상품으로 기획하자는 거지요?

그렇지요. 문화상품!

그러고 보니 소비 트렌드와 맥을 같이 하는 아이디어네요. 스토리, 레트로(뉴트로), 희소성이 소비 트렌드의 키워드들이잖아요. 잘하면 실현 가능성이 있겠는데요?

그럴 수 있겠지요? 그런데 이건 예시적인 아이디어에요. 제가 궁극적으로 하고 싶은 이야기는 보존 당위성이 시장 논리를 넘어설 수 없다면 시장 논리에 맞추어 일부라도 보존할 방안을 모색해보자는 거에요. 바꿔 말하면 사업 논리로 기억의 표백을 막자는 거고요.

보존의 당위성만큼이나 사업성이 중요하겠네요.

그렇지요. 그래서 이런 성격의 보존을 추진한다면 민관을 아우르는 다양한 이해관계자가 머리를 맞대야 해요.

'관'도 필요한가요?

사업성 확보가 어려우면 관의 개입이 필요할 수 있거든요. 예를 들어 방금 이야기한 테마 객실 조성을 추진한다고 가정하고 수지를 타산해봤는데 호텔 일부를 보존, 활용하는 비용이 생각보다 커요. 그래서 사업성이 떨어진다고 판단되면 서울시가 일정 기간 마스터리스 방식[42]으로 사업자의 수익을 보장해주는 거예요. 다시 말해서 서울시가 일정 기간 만실을 보장해서 사업자가 적정 시점에 수익분기점에 도달하게끔 도와주는 거지요. 그리고 서울시는 그 기간에 할인된 가격으로 시민에게 숙박서비스를 제공하고요. 그러면서 현대건축 유산에 대한 시민의식을 제고하는 겁니다.

괜찮은 시나리오네요.

그런 상상도 해볼 수 있다는 거예요.

그러니까 다양한 이해관계자들이 보존의 필요성에 동의하고 머리를 맞대면 방법은 얼마든지 찾을 수 있다는 이야기지요? 일단 그런 이야기를 꺼낼 자리를 마련해야겠네요.

건축계가 서울시와 함께 그런 기회를 만들면 좋을 거예요.

현대건축 유산의 건강한 거취去取 방향

　재건축에 앞서 건축계가 서울시 그리고 사업자와 함께 힐튼호텔의 부분 보존을 논의할 수 있다면 그 범위를 어떻게 선정하는 것이 좋을까? 삼자는 다음과 같은 사항을 고려하여 다양한 보존 범위를 도출할 수 있을 것이다. 서울시(중구)의 부분 보존과 공공성 확보를 위한 인센티브 제공 가능성과 그 내용, 사업성 측면에서의 사업자의 인센티브 수용 가능성, 건축적 특징을 보존하는 효율적인 보존 범위 등이 고려 대상이 될 수 있을 것이다.

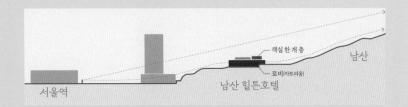

　예를 들면 한두 층의 객실과 파사드를 타워부의 최소 기억 단위로 남기고 로비의 아트리움 공간을 남산 접근로의 거점 휴게공간(공공 공간)으로 보존, 활용하는 것이다. 그리하여 남산의 시민 친화성을 제고하고 당대의 건축적 성취를 특징적으로 기억하는 것이다. 다만 아쉬운 점은 재건축 없이 이와 같은 변화를 도모한다면 경관 회복도 가능하다는 것이다. 이러한 변화상이 이상적이지만, 재건축은 불가피한 상황으로 보인다.

건축 유산의 부분 보존이라는 해법

압축 성장으로 도시의 나이를 되돌린 우리는 시간이 지날수록 근현대건축 유산 보존 문제와 맞닥뜨리는 일이 많아질 것이다. 어떻게 대처해야 할까? 보존에 대한 공감대 형성을 도모하고 제도를 보완해나가는 동시에 '부분 보존'이라는 해법에 주목해야 할 것이다. 이는 근현대건축 유산이 박제되는 것이 아니라 삶의 공간이 되어야 하기 때문이다.

서울시 역사 도심 기본계획(2015)을 보면 근현대건축자산의 다양한 부분 보존 방식이 제시되어 있다. 이를 바탕으로 기능적(성능적) 혹은 경제적 요구 같은 다양한 현실적 요구에 대응하는 부분 보존 방식을 고민해본다면 좀 더 현실 친화적인 방안이 도출될 수 있을 것이다.

건축 유산을 포용한 두 가지 신축 사례를 살펴보면, 힐튼호텔 재건축을 계기로 근현대건축 유산의 부분 보존에 대한 논의가 활성화되기를 기대해볼 수 있다.

 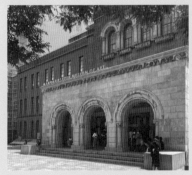

경성재판소(출처: 서울역사아카이브, 왼쪽)와 서울시립미술관.

첫 번째로, 1928년 건립된 경성재판소 건물은 광복 후 1995년까지 대법원청사로 사용되었고 이후 개조를 통해 2002년 서울시립미술관으로 개관했다. 응축된 역사적 상징(파사드)을 남기고 후면에 현대식 미술관을 신축한 덕에 역사적 기억 또한 관람의 대상이 된다.

뉴욕 맨해튼에 위치한 허스트 타워(출처: 위키
피디아, 저작권자: Alsandro).

두 번째로, 허스트 타워Hearst Tower는 미국의 미디어 기업인 허스트 커뮤니케이
션의 본사로 아르데코 스타일의 기단부(지상 6층)는 1928년에 완공되었고 사선 격
자의 하이테크 구조미를 뽐내는 타워부(지상 46층, 최고높이 182미터)는 2006년에 완
공되었다. 타워부의 설계는 세계적인 건축가 노만 포스터가 맡았다. 그는 뉴욕의
랜드마크로 지정(1988)된 기단부의 파사드를 보존하며 내부를 개조했고 그 위로
타워부를 안착시켜 '기단 위 타워' 형식의 '축적된 시간'을 선보였다.

남산에 남겨진 숙제들

남산의 역사부터 최근 이슈들까지 다양한 이야기를 나누어 봤습니다. 익숙한 모습 이면에 있는 많은 고민거리를 마주하게 되었습니다. 덕분에 많은 것을 생각하게 되었고요. 남산 이야기는 이쯤에서 마무리할까 하는데 마지막으로 하시고 싶은 말씀을 정리해주실 수 있을까요?

제가 하고 싶은 이야기는 크게 세 가지입니다.

첫째, 우리가 남산을 어떻게 바라볼지 그 토대를 확실히 공유했으면 합니다. 우리는 토지의 사유화를 인정하는 자본주의 사회에 살고 있습니다. 사유화로 인한 도시 공간의 계층화가 일어나는 이유지요. 하지만 산수山水에서까지 사유화에 의한 계층화를 용인해서는 안 됩니다. 그리고 난개발로 인한 풍경의 퇴락도 용인해서는 안 됩니다. 산수山水는 시민 모두의 자산이기 때문입니다. 이것이 바로 남산에 풍경을 해치지 않는 공공시설만 들어서야 하는 이유입니다. 이런 생각이 우리 사회에 확실히 자리 잡았으면 좋겠습니다.

둘째, 자리를 잘못 잡은 건물이 얼마나 오랫동안 풍경을 해치고 시민의 권리를 침해하는지 깊이 생각해봤으면 합니다. 남산에는 아직도 많은 건물이 있습니다. 하지만 애석하게도 대부분 재산권과 자원 활용 등의 이유로 사실상 철거가 불가능하지요. 그렇다면 결국 풍화로 사라질 때까지 기다릴 수밖에 없습니다. 그만큼 풍경 회복과 시민의 권리 회복도 늦어질 겁니다. 지금도 어딘가에서는 능선 개발이 진행되고 있을 겁니다. 남산 개발이 우리에게 주는 교훈을 잊지 않았으면 합니다.

그리고 마지막으로, 남산 풍경을 논할 때 그 주변까지 시선을 확장했으면 합니다. 풍경은 단속적이지 않습니다. 하지만 애석하게도 남산 주변은 남산 제 모습 찾기 이전부터 현재까지 끊임없이 개발되어 왔습니다. 남산 일대를 개의치 않는 태도로 말이지요. 덕분에 주변과 함께 보아야 하는 남산 풍경은 오히려 퇴락을 거듭해왔습니다. 우리가 진정으로 남산 풍경의 회복을 원한다면 그 주변까지 시선을 확장해야 합니다.

4장

미약한 행보,
광화문 풍경

국가대표 경관의 불협화음

일러두기 광화문광장은 경복궁에서 조선총독부와 미군청정을 거쳐 구청와대까지 국가와 식민지(점령지) 권력의 상징이 지배하는 혹은 영향을 미치는 공간이었다. 이런 관점에서 보면 광화문광장은 국가상징 공간(경관)이나 권력상징 공간(경관)으로 표현될 수 있다. 반면 촛불집회로 대표되는 민주주의 수호 역사를 돌이켜보면 직접민주주의 대표 공간으로도 표현될 수 있다. 또 경복궁 역사를 중심에 놓고 보면 국가대표 역사문화 공간(경관)으로도 표현될 수 있다. 이렇듯 광화문광장의 성격은 다양하게 정의될 수 있다. 이를 고려하여 이 글에서는 이야기하고자 하는 바에 맞게 표현을 골라 썼다.

지금부터 광화문 풍경을 이야기해보려고 합니다. 사대문 풍경의 대표주자이기도 하고, 최근에 광화문 광장 개선 사업을 마치기도 했지요. 남산만큼이나 할 이야기가 많을 겁니다.

좋습니다. 사대문의 남쪽을 봤으니 북쪽을 보는 것이 순서겠지요.

먼저 답변이 예상되는 질문부터 드리겠습니다. 광화문 풍경이 아름답지 않다고 보시는 거지요?

네. 역사문화와 개발의 부조화 때문에 그렇습니다.

북악산을 배경으로 한 경복궁과 현대건축이 불협화음을 일으킨다는 이야기지요?

그렇지요. 세종대로의 빌딩들을 한 번 보세요. 북악산과 경복궁을 개의치 않습니다. 조화로운 풍경을 이룰 생각도, 문화유산을 존중할 의지도 보이지 않습니다. 어떤 빌딩들은 정말 장막처럼 높이 올라갔어요. 앞서 이야기한 정부서울청사도 그렇고 KT빌딩이랑 교보빌딩도 그래요. 셋 다 장변이 100미터 정도로 넙데데하지요.

앞서 남산 앞의 서울스퀘어빌딩과 힐튼호텔 장변이 약 100미터라고 하셨잖아요? 그러고 보면 양쪽 모두 거대한 장벽들이 진을 친 거네요.

그렇지요.

이게 예전이니까 가능했던 거지요?

그렇지요. 모두 1970~1980년대에 지은 건물이잖아요. 앞서 이야기했듯 이때만 해도 도심 경관이나 역사 경관 같은 개념이 희미했어요. 지금은 규정상 그런 장벽 같은 건축은 불가능해요. 역사 도심 내 고층 건물의 타워부 폭이 55미터로 제한되거든요.

시각이 바뀐 거네요.

그렇지요. 한숨 돌리고 나니까 보이기 시작한 겁니다. 경제 개발에 밀렸던 역사와 풍경이 눈에 들어오기 시작한 거지요.

문화라는 게 여유가 좀 생겨야 챙길 수 있는 건가 봅니다.

사람도 그렇잖아요. 도시도 마찬가지라고 봐요.

국가상징의 입체적 무력화: 경복궁

광화문 풍경을 말하려면 경복궁 이야기를 하지 않을 수 없습니다. 앞서 경복궁이 북악산을 등진 풍경으로 권위를 연출했다고 하셨잖아요. 그런데 지금은 권위나 위엄 같은 게 잘 느껴지지 않습니다. 앞서 말씀하신 고층 빌딩 때문인 듯합니다.

그렇지요. 풍경이 완전히 바뀌었으니까요. 과거 육조거리 초입(지금의 세종대로 사거리)에 서면 육조거리에서 경복궁을 거쳐 북악산 그리고 하늘로 자연스레 시선이 상승했어요. 그 속에서 경복궁이 여유로운 모습의 주연으로 읽혔습니다. 그런데 지금은 광장 양측의 고층 빌딩들이 경복궁을 소실점으로 만들어버려요. 덕분에 어떤 역사적 위엄이나 권위를 느끼기 힘들지요.

산업화 이후 권위의 풍경이 망가진 거네요.

엄밀히 말하면 경복궁 풍경은 일제강점기부터 흔들리기 시작합니다. 그때 도로체계가 바뀌거든요.

조선 시대 육조거리 풍경(서울 역사박물관 전시모형에 합성). 과거 경복궁은 북악산을 등지고 육조거리를 호령하며 국가상징 경관의 주연 역할을 했다.

고층 빌딩으로 소실점이 되어 버린 경복궁.

도로체계와 경복궁 풍경이 어떤 관계지요?

경복궁으로 가는 동선이 바뀌면 경복궁의 첫인상이 달라지지요.

더 자세히 설명해주십시오.

조선 시대에는 남대문에서 세종대로 사거리까지 이어지는 도로(옛 태평로)가 없었어요. 그러니까 당시 남대문을 통해 한양에 입성한 이가 경복궁을 보려면 지금과 달리 좀 돌아가야 했어요. 방문자 시점에서 설명하면, 한양을 방문한 이가 남대문을 통과해 동쪽으로 휘어진 남대문로를 따라갑니다. 그러다 운종가(현재 종로1가)가 나오면 서쪽으로 90도를 꺾어 육조거리 초입(현재 세종대로 사거리)까지 가요. 그러면 경복궁이 나타났습니다. 남대문으로 입성한 이만 이 지점에서 처음으로 경복궁을 보게 되는 게 아니었어요. 당시의 간선 도로망을 보면 어느 성문으로 입성하든 이 지점에서 처음으로 경복궁을 보게 돼 있었지요. 이건 한양을 설계한 이들의 의도였을 거예요. 그들은 무엇을 의도했던 걸까요? 극적으로 권위의 풍경을 보여주려 한 거예요. 성문을 통해 입성한 이가 볼 수 없게 경복궁을 숨겨두었다가 의도한 지점에 이르면 보여주는 거지요.

그런데 일제가 태평로를 만들면서 극적인 효과가 사라져요. 태평로 덕에 남대문을 지나 조금만 가면 멀리서부터 경복궁을 볼 수 있게 되거든요. 그러면서 경복궁의 첫인상도 달라져요. 경복궁은 세종대로 사거리에서 봐야 북악산과 잘 어울려요. 그 지점에서 봐야 과하지도 초라하지도 않게 보이지요. 더 남쪽에서 보게 되면 경복궁이 북악산에 비해 아주 작게 느껴져요. 의도한 비율이 깨지면서 궁궐이 초라해 보이지요.[1]

일제가 태평로를 조성하면서 경복궁의 권위 연출에 흠집이 생긴 거네요.

그렇지요.

일제가 경복궁을 심각하게 파괴하지 않았나요?

경복궁만 그런 게 아니고 5대 궁궐을 모두 파괴했지요. 그래서 사람들이 종종 오해합니다. 북경에 가서 자금성을 본 사람들 중에 역시 대국은 다르다, 경복궁은 상대가 안 된다, 이러면서 자조 섞인 이야기를 하는 경우가 가끔 있잖아요?

그렇지요. 북경에 가보니까 저도 그런 생각이 들더라고요.

그게 일제가 만든 오해에요. 일제가 훼손하기 전 5대 궁궐의 면적을 합치면 자금성의 두 배 정도였을 것으로 추정돼요. 하지만 일제가 5대 궁궐을 잘라내고 뽑아내면서 초라해졌지요. 과거 일제는 종묘와 창경궁 사이에 신작로(현재 율곡로)를 내서 둘을 갈라놓았습니다. 창경궁은 동물원과 식물원으로 만들어버렸고요. 또 덕수궁은 반 토막

조선물산공진회 기념 포스터(1915, 출처: 서울역사아카이브, 왼쪽)와 조선물산공진회 철도국 특설관(출처: 서울역사아카이브, 오른쪽). '산업'과 '진보'를 담아낸 화려하고 웅장한 서양식 파빌리온과 초라한 폐허의 전근대적 궁궐의 병치는 신문명의 개화라는 메시지를 생산함으로써 피식민지인의 물질적 동화를 도모했다. 하지만 피식민지인 다수는 박람회를 흥미로운 세계를 접하는 기회로 여겼을 뿐이었고 일제의 동화 전략은 크게 힘을 발휘하지 못했다.

내고 경희궁은 씨를 말렸지요.[2] 경복궁 역시 거의 다 철거해버렸습니다. 불행히도 현재 5대 궁궐은 일제강점기의 모습에서 크게 회복되지 못했어요. 그러니까 지금 우리가 보는 궁궐을 가지고 자금성과 비교하면 안 돼요.

일제가 우리네 궁궐들을 처참하게 유린했군요.

네. 조선(대한제국)의 역사를 무참히 유린한 거지요.

일제가 경복궁을 철거한 건 우리가 기억하는 옛 중앙청, 그러니까 조선총독부를 세우기 위한 거였나요?

그렇지요. 그런데 그 전에 박람회가 있었어요. 1915년 일제가 경복궁을 훼철하고 조선물산공진회를 개최해요. 조선총독부가 경복궁에 들어선 게 1926년이고 공사는 1916년에 시작했으니까 이미 박람회로 훼철된 자리에 조선총독부가 들어선 거지요.

조선물산공진회를 더 자세히 알려주십시오.

조선물산공진회는 시정施政 5년을 기념하는 박람회였어요. 일제는 이를 위해 경복궁의 전각들을 철거하고 화려하고 웅장한 서양식 전시 시설들을 조성했어요. 그리고 국내외 상품들을 전시하고 산업과 위생 등 각 분야의 성과와 통계를 전시했지요. 한 마디로 조선물산공진회는 문명의 진보, 그러니까 한일병합 후 조선의 근대화를 선전하는 장이었어요. 바꿔 말하면 일제의 지배 정당성을 확보하기 위한 선전의 장이었지요.

일제가 조선의 발전을 선전함으로써 지배 정당성을 확보하려 했다

기생의 요염한 춤사위가 등장하는 조선물산공진회 포스터 (1915, 출처: 국제일본문화연구센터). 그림 속 경복궁(위)과 공진회장(아래)의 명암대조로 '문명개화'라는 메시지를 전달한다. 이렇듯 한 국가를 상징했던 정궁은 '문명개화'라는 메시지와 유흥으로 채워졌다.

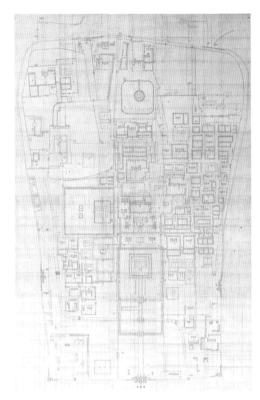

북궐도형北闕圖形. 고종 때 경복궁에 500동이 넘는 건물이 있었으나 1990년대 복원을 시작할 즈음에는 36동만 남아 있었다. 화마가 휩쓸고 간 듯한 경복궁은 현재 꾸준한 복원을 통해 제 모습을 찾아가는 중이다.

는 이야기지요? 효과가 있었나요?

결과적으로 별 효과는 없었다고 봐야지요. 이후에도 우리 민족이 끊임없이 일제에 저항했으니까요. 그래도 관람객 수만 놓고 보면 흥행에는 성공했어요. 100만 명 넘게 관람했거든요.

밀리언셀러네요.

총독부가 적극적으로 홍보하고 관람객을 유치했거든요. 공진회에 가면 먹고 마시며 오락을 즐길 수 있었어요. 기생의 공연과 스모 경기를 관람할 수 있었지요. 덕분에 경복궁은 존엄한 공간에서 누구든 볼거리와 즐길 거리를 찾아 쉽게 드나들 수 있는 공간으로 전락했습니다.

지배 정당성에 대한 동의를 얻는 데는 실패했지만, 조선 왕조의 존엄을 깨뜨리는 데는 성공한 거네요.

그렇게 볼 수 있지요. 궁궐의 의미를 격하시켰으니까요. 그런데 한 번만 그런 게 아니에요. 일제는 이후에도 다섯 번이나 더 경복궁에서 박람회를 열어요.[3] 그러면서 경복궁에 관한 기억도 점점 희미해지지요.

매번 흥행에 성공했나요?

관람객 수만 놓고 보면요. 1929년에 열린 조선박람회도 100만 명 넘게 관람했지요.

경복궁에 총독부가 들어서고 나서도 박람회를 개최했군요.

자기 집 안마당이 됐으니까요.

국가상징 경관의 찬탈: 조선총독부

조선총독부 이야기로 넘어가지요. 조선총독부의 위치는 매우 모욕적이었습니다. 누가 봐도 그렇지요. 일제가 정략적으로 위치를 선정했다고 봐야겠지요?

그렇지요. 광화문 풍경은 곧 조선을 상징했습니다. 지금의 광화문 풍경은 역사문화 경관이지만 과거에는 국가 그 자체를 의미했지요. 그러니 침략자로서 그 풍경을 지배하고 싶었을 겁니다.[4] 그렇게 하면 새 주인의 등장을 효과적으로 가시화할 수 있었으니까요. 새 주인을 받아들이게 하려 한 거예요.

실제 건축 계획을 그 의도에 맞게 한 거지요? 과거 사진에서 확인되는 것처럼, 지금의 광화문광장 위치에서 본 조선총독부의 전경에서는 위세가 느껴집니다.

그렇지요. 우선 배치를 보면 일제는 총독부를 경복궁 중심 전면부에, 그러니까 지금의 홍례문興禮門 영역에 배치합니다. 그리고 총독부 중심축과 광화문통(현재 광화문광장)을 일치시키지요. 이로써 경관

조선총독부 전경(출처: 서울역사아카이브, 왼쪽)과 하늘에서 본 조선총독부 및 광화문통(출처: 서울역사아카이브, 오른쪽). 국가상징 경관을 찬탈한 총독부 청사는 앞으로는 광화문통(현재의 광화문광장)을 호령하고 뒤로는 근정전을 압박한다. 그럼으로써 이 땅의 새 주인이 누구인지 알리고 피식민지인이 세상의 변화를 받아들이도록 한다.

을 장악하는 기본 구도가 완성됩니다. 그리고 총독부를 질서 있는 입면을 갖춘 대칭 건물(日자형)로 만듭니다. 당시로써는 엄청나게 큰 규모로 말이지요. 조선총독부는 전면 길이 130미터, 첨탑까지의 높이가 55미터에 달하는 5층 규모의 철근콘크리트 건물이었습니다. 이렇게 조선총독부는 배치와 외관을 통해 기념비성을 극대화했습니다. 이러한 위세는 바로 뒤에 남겨진 근정전을 압도하지요. 그러면서 근대화를 이룩한 일제와 초라한 조선이라는 대조적 모습을 연출합니다.

완벽한 상징의 찬탈이네요.

그렇지요. 이 땅의 새 주인이 누구인지, 얼마나 힘이 센지 보여준 거니까요.

일제는 정략적 이유만으로 조선총독부를 경복궁에 세운 건가요?

이런 주장도 있습니다. 당시 일본인 거주지 확장과 관련된 이야기인데요. 19세기 후반 일본 공사관이 있던 남촌(청계천 이남)에 일본인들이 정착하면서 남촌 일대의 일본인 거주민 수가 지속적으로 증가합니다. 그러면서 일본인의 거주지 부족 문제가 수면 위로 떠오르지요. 일본인 거주지는 사실상 남촌으로 한정되었거든요. 일제는 일본인 거주지를 북쪽으로 확장하는 북진 정책을 세웁니다. 방법은 통치기구를 북촌(청계천 이북)으로 이전하는 것이었지요. 그렇게 해서 주변에 관사를 마련하고 자연스레 세력을 넓혀가려는 것이었습니다. 이 계획의 대표주자는 신新총독부 청사였습니다. 하지만 조선인 거주지였던 북촌에서 대규모 토지를 매입하기란 쉽지 않았습니다. 이런 상황이 일제의 소유가 된 경복궁을 청사 건립의 적격지로 만든 겁니다. 넓은 토지를 무상으로 사용할 수 있었으니까요. 정리해보면 북촌의 총독부 청사 건립은 일본인의 거주지 확장을 위한 포석의 성격을 지니고 있었으며 현실적 이유로 경복궁이 그 부지가 된 것이라고 해석할 수 있습니다.

그랬군요. 당시 청계천을 중심으로 영역이 분리되어 있었군요.

네, 지금은 서울이 한강을 중심으로 강북과 강남으로 나뉘지만, 당시 경성은 청계천을 중심으로 북촌과 남촌으로 나뉘었습니다. 북촌에는 주로 조선인이 거주했고 남촌에는 일본인이 많이 거주했지요.

남촌의 경제력이 더 높았겠지요?

지금의 강남과 강북 격차와 비슷한 양상이었을 거예요. 당시 일본인들의 소득 수준이 더 높았으니까요.

북진 정책의 효과는 있었나요?

네. 1920년대 후반 즈음을 살펴보면, 북촌의 일본인 거주민 수가 상당히 증가했습니다.

그러고 보면 일제 입장에서는 상징적으로나 실리적으로나 조선총독부 위치를 잘 잡은 거네요.

일제 입장에서는요.

그런데 조선총독부를 경복궁에 세운 건 민족정기를 말살하기 위해서였다는 이야기가 있습니다. 사실인가요?

북악산에서 남산으로 이어지는 수도의 기맥을 끊기 위해 경복궁에 조선총독부를 세웠다는 이야기가 있습니다. 개연성 있는 이야기지만 실증적으로 입증된 바는 없지요. 현재로서는 민족적 감정에 기반을 둔 주술적 속설로 이해하는 것이 맞을 듯합니다.

비과학적 사고군요.

원통함이 깊으면 사실에 감정을 더하기 쉽습니다. 풍수 단맥설은 그런 차원에서 잉태된 속설 아닐까요? 굳이 표현하자면 '사연이 있는 비과학적 상상'이라고 할 수 있겠지요.

조선총독부에 민족적 감정이 투영되다 보니 그렇게 된 거군요.

위치가 위치인 만큼 반일 민족주의 정서와 풍수가 만나 한 맺힌 스토리가 탄생한 거지요.

조선총독부 철거, 신新한국의 새 경관

일러두기 조선총독부 철거를 이야기할 때 철거 대상을 '조선총독부'로 명기하느냐 아니면 '국립중앙박물관' 혹은 '중앙청'으로 명기하느냐는 중요한 문제다. 대상을 보는 시각이 전제된 표현이기 때문이다. 다시 말해서 철거 대상을 식민지 시대의 기호로 볼 것인가 아니면 해방 이후 우리 역사를 담은 공간으로 볼 것인가에 대한 선택이 표현의 근간이 되기 때문이다. 하지만 이 글에서 철거 대상을 '조선총독부' 혹은 '구조선총독부 청사'로 명기한 이유는 이와 무관하다. 대상의 철거가 관철된 만큼 철거를 주도했던 정부의 시각을 반영하여 철거 대상을 위와 같이 명기했을 뿐이다.

선생님께서는 조선총독부의 모습을 기억하시는지요?

그럼요. 제가 학생이던 시절에 광화문에 가면 볼 수 있었으니까요. 광화문 바로 뒤로 보이는 단단한 석조 건물이 아주 인상적이었습니다.

그런데 앞에서는 철근콘크리트 건물이라고 하시고 조금 전에는 석조 건물이라고 하시고, 뭐가 맞는 거지요?

둘 다 맞아요. 구조는 철근콘크리트고 외피가 화강석이거든요. 참고로 일제강점기에 지어진 주요 건물들 대부분이 이런 구조예요. 구서울역(경성역)과 구서울시청(경성부청) 그리고 한국은행 화폐박물관(조선은행 본점) 모두 철근콘크리트 구조에 석재와 벽돌을 붙인 거예요.

그렇군요. 혹시 조선총독부가 철거되는 것도 보셨나요?

직접 보지는 못했고요. 뉴스로 봤습니다.

그게 1995년이지요?

네. 정확히 1995년 광복절이었지요. 해방 50주년이 되는 광복절에 첨탑이 해체됐습니다.[5] 그리고 이듬해 건물 전체가 철거됐지요.

대통령 지시로 철거된 거지요?

네. 김영삼 대통령이 취임하자마자 조선총독부 철거를 지시했어요.[6]

왜 그런 거지요?

대통령의 오랜 생각이기도 했고, 일제가 장악했던 상징 경관에 대한 긴 체증도 있었으니까요. 그래서 역사 바로 세우기의 일환으로 조선총독부를 철거한 거예요.

역사 바로 세우기, 김영삼 정부가 추진한 과거 청산 운동이지요?

맞습니다. 역사 바로 세우기는 김영삼 정부의 가장 큰 공적으로 꼽히는 과거 청산 운동입니다. 김영삼 정부는 5.16을 쿠테타로 규정하고 5.18을 민주화운동으로 공식 인정했습니다. 왜곡된 역사를 바로잡은 거지요. 그리고 전두환, 노태우 두 전직 대통령을 법정에 세워 신군부의 만행을 단죄했습니다. 또 옛 조선총독부와 총독관저[7]를 철거하고 일제가 불순한 의도로 오염시킨 언어도 정리했지요.

김영삼 정권이 과거 청산 운동을 추진한 특별한 이유가 있었나요?

김영삼 대통령은 군사정권과 확실히 선을 그어야만 했어요. 노태우 정권 시절 3당 합당으로 군사정권과 야합했다는 비난을 받았기 때문이지요. 대통령에 당선되기 위한 정치적 포석이었겠지만 비난을 피할 수는 없었습니다. 그리고 군사정권 시절 민주화 대표 인사로서 책임감도 있었을 겁니다. 그러다 보니 과거 청산을 통해 군사정권과 확실히 선을 긋고 싶었을 거예요. 그러한 구상이 일제강점기까지 확장되면서 최종적으로는 역사를 바로잡는 새 시대 새 정부라는 큰 그림으로 이어졌을 겁니다.

한 마디로 현대사의 유의미한 변곡점이 되고 싶었던 거네요.

그렇게 볼 수 있지요. 김영삼 정권의 국정지표가 신한국新韓國 창조

였으니까요.

그런데 건물을 철거한다고 과거가 청산되나요? 과거 청산의 핵심은 인적 청산이잖아요. 인적 청산에 대한 의지는 없었나요?

과거 청산에도 골든타임이라는 게 있어요. 친일 청산은 일찌감치 골든타임을 놓친 상황이었지요. 이걸 시도했던 반민특위가 반세기 전에 실패했거든요.[8] 이후 반세기 동안 친일 인사와 증인이 거의 다 사라졌어요. 친일 재산 추적도 쉽지 않은 상황이 되어버렸고요. 이러한 상황에서 친일 청산을 추진하기란 쉽지 않았을 겁니다. 반면 김영삼 정부의 집권 시기는 신군부 청산에 있어 적기였습니다. 노태우 정권이 막을 내린 시점이라 가해자는 물론 증거와 증인 역시 생생히 살아 있었거든요. 덕분에 김영삼 정부는 전두환, 노태우 두 전직 대통령을 교도소로 보낼 수 있었습니다.

김영삼 정부가 일제강점기에 대해서는 현실적 이유로 인적 청산 대신 물적 청산을 택했다고 보시는 건가요?

그런 이유도 있다고 보는 거지요. 하지만 주된 이유는 아니었을 거예요. 노무현 정부는 그런 상황에도 불구하고 친일 행위 진상 규명에 관한 특별법을 만들고 친일 재산 환수를 추진했거든요. 과거와의 거리만 놓고 보면 김영삼 정부가 좀 더 쉽게 추진할 수 있는 일이었지요.

그럼 조선총독부 철거의 주된 목적은 상징 경관의 회복이었다고 봐야 하나요?

궁극적인 목적은 메시지 생산이었다고 봐요. 건축은 신축으로 메시지를 주지만 철거로도 메시지를 주거든요. 조선총독부 철거라는 상징 경관의 변화는 새로운 시대의 개막이라는 메시지를 주기에 충분했어요.

상징적 역사 청산을 통해 새 출발을 선포하려 했다는 거네요.

그렇지요.

관철된 염원, 상징의 말소

조선총독부 철거는 김영삼 정부가 처음 시도한 건가요?

아니에요. 그전에도 논의는 있었어요. 해방 후 이승만 정부도 철거를 논의했어요. 하지만 철거 기술과 비용이 문제였지요. 관공서 건물도 부족했고요. 그래서 논의가 깊게 진전되지 못했어요. 박정희 정부는 청사 철거의 비용을 감당하기 어렵다는 이유로 청사 내부를 한국적인 분위기로 개조하는 차선책을 선택했습니다. 노태우 정부 역시 철거를 논의했지만, 공론화를 통한 당위성 확보가 미흡해 흐지부지됐지요.

철거 논의가 오래전부터 있었군요.

국권 피탈의 상징이었으니까요.

그러다 김영삼 정부에 이르러서야 결실을 본 거네요. 철거에 대한 사회적 동의가 있었던 거지요?

어느 정도는요.

과거 청산이라는 명분 덕이겠지요?

크게 보면 국정지표國政指標의 선언적 성격이 힘을 발휘했다고 봐야지요. 김영삼 정권이 집권 초기 내세운 개혁과 역사 바로 세우기라는 목표가 조선총독부 철거에 대한 사회적 공감을 이끌어내는 데 큰 힘을 발휘했다고 봐요. 조선총독부 철거는 국정지표를 보여주는 상징적 행위였거든요. 다시 말해서 대중에게 어필하는(소구하는) 상징적 이익이 컸던 거예요.

조선총독부 철거가 새 출발에 대한 대중의 기대감을 상징적으로 충족시켜주는 행위였다는 거군요.

그렇지요. 그 중심에는 민족주의가 있었어요.

그게 무슨 이야기지요?

김영삼 정부는 출범 직후 조선총독부를 철거해 민족의 정기와 자존심을 회복해야 한다고 국민들에게 호소했어요. 한 마디로 민족주의에 호소한 거지요. 그리고 국민적 공감대를 형성하는 데 어느 정도 성공했어요. 그러니까 조선총독부 철거는 민족주의적 정념이 우리 안에 자리 잡고 있어 가능했다고 볼 수 있어요.

사회적 동의를 얻은 현실적 이유는 없었나요?

있었지요. 철거 논의 당시 이미 경복궁 복원을 진행하고 있었어요. 이 부분 역시 철거에 대한 동의를 이끌어내는데 일정 부분 기여했다고 봐요. 경복궁 복원 공사가 시작된 상황인지라 총독부 철거의 당위성을 인지하고 받아들이기 쉬운 측면이 있었지요.

경복궁 복원이 생각보다 꽤 오래전에 시작됐군요.

네. 1980년대 후반 경복궁의 원형을 추정할 수 있는 사료들이 발견되면서 복원 논의가 본격화됐거든요. 1988년에 노태우 전 대통령의 지시로 경복궁 복원 계획이 발표됐고 1991년에 복원 사업이 시작됐지요.

경복궁 복원이 철거 논의에 힘을 실어준 거네요.

총독부 철거 없이는 경복궁 복원도 어렵다는 사실을 모를 리 없었으니까요.

그러고 보면 어떤 일을 추진할 때는 시기도 중요한 것 같아요.

맞아요. 그런 관점에서 보면 김영삼 정권이 집권 초기에 총독부 철거를 들고 나온 건 참 잘한 일이에요.

그게 무슨 이야기지요?

보통 집권 초기에 지지율이 높잖아요. 그래서 집권 초기에 추진하는 일이 탄력 받아 성공할 가능성이 커요. 다시 말해서 김영삼 정부가 정권을 잡자마자 총독부 철거를 추진했기에 가능했던 측면도 있다는 이야기지요.

이야기를 종합해보면 집권 초기 정치적 주도권을 가진 김영삼 정부가 역사적 당위성을 내세워 총독부 철거를 관철했다, 이렇게 볼 수 있는 거네요.

그렇게 요약할 수 있지요.

부정 유산Negative Heritage, 끝나지 않은 논쟁

앞서 조선총독부 철거에 대한 사회적 동의가 어느 정도 있었다고 하셨습니다.[9] 하지만 상징성이 큰 역사 건축물인 만큼 철거에 이르기까지 진통이 있었을 것 같습니다.

맞습니다. 결과적으로는 사회적 동의를 얻은 셈이지만 찬반 논쟁이 뜨거웠지요.

철거를 반대하는 측의 논리는 뭐였습니까?

철거를 주장하는 측은 조선총독부 청사를 식민주의의 기호로 보는데 반해 철거를 반대하는 측은 조선총독부 청사를 해방 후 한국의 근현대사까지 담아낸 대상으로 봤습니다. 그래서 조선총독부를 철거하면 우리의 근현대사까지 지워진다며 반대했습니다.

해방 후 반세기 동안 우리가 사용했으니 일리 있는 이야기네요.

그렇지요. 조선총독부 청사는 해방 후 미군정청으로 사용됐고 1948

년에는 제헌국회가 개원되고 대한민국 정부 수립식이 거행되었던 곳입니다. 그리고 1982년까지는 정부청사로 사용됐던 곳이지요. 이 시기 조선총독부 청사는 중앙청으로 불렸습니다. 그 시기를 직접 겪었던 분들에게는 익숙한 명칭이지요. 그리고 1986년부터 철거되기 전까지는 국립중앙박물관으로 사용되었습니다. 이렇듯 조선총독부 청사는 해방 후 반세기의 우리 역사를 품은 공간이었습니다.

기호냐 역사냐, 대상을 보는 관점이 달랐던 거네요.

그렇지요. 바꾸어 이야기하면 텍스트냐 컨텍스트냐, 보는 관점이 달랐던 거예요.

부연 설명이 좀 필요할 것 같은데요.

예를 들어 나치스를 상징하는 만卍자 모양의 하켄크로이츠는 텍스트에요. 텍스트는 의미하는 바가 분명해요. 그래서 반사회적 텍스트를 제거하는 데는 이견이 없어요. 2차 대전이 끝나고 하켄크로이츠가 사라진 이유지요. 반면 독일 정부는 상당수의 나치스 건물을 보존하고 있어요. 이는 나치스 건물을 컨텍스트로 보기 때문이지요. 다시 말해서 독일 정부는 나치스 건물을 조성 의도와 달리 '역사'와 '교훈'으로 보는 거예요.

그러니까 조선총독부 청사의 철거를 주장하는 측은 청사를 고정불

변의 텍스트로 본 거고, 반대하는 측은 다른 의미 생성이 가능한 컨텍스트로 본 거네요.

그렇지요. 철거를 주장하는 측은 그 위치 때문에 총독부 청사를 텍스트로 봤을 거예요. 앞서 이야기했듯 위치의 역사적 의미가 워낙 강하니까요.

그렇군요. 그 밖에 이견을 보인 부분은 없었나요?

같은 맥락에서 부정 유산[10]의 역할에 대해서도 이견이 있었어요. 철거를 주장하는 측은 부정 유산을 말소함으로써 역사를 바로잡을 수 있다고 주장한 반면, 반대하는 측은 부정 유산을 보존해 반면교사로 삼는 것이 더 생산적일 수 있다고 반박했습니다.

부정 유산에 서로 다른 의미를 부여한 거네요. 한쪽은 역사의 장애물, 다른 한쪽은 역사의 교훈이라고 말이지요. 또 이견을 보인 부분은 없었나요?

절차에 대해서도 이견이 있었어요. 앞서 이야기한 것처럼 구조선총독부 청사는 당시 국립중앙박물관이었습니다. 철거를 반대하는 측은 문화재 이전 공간부터 마련하고 철거를 논의하는 것이 합리적이라고 문제를 제기했습니다. 총독부 청사의 건축사적 가치 역시 철거 반대 이유로 내세웠지요.

듣다 보니 반대 측의 논리가 좀 더 복잡하네요.

반면 철거를 주장하는 측의 논리는 간명했어요. 과거 청산이라는 역사적 당위성으로 함축됐지요.

논쟁 측면에서 본다면 단순한 논리로 주장하는 것이 여론 형성에 유리한 전략 아닌가요?

그렇지요. 이해하기 쉽고 머리에 쏙 들어오고, 아무래도 지지 세력을 형성하기에 유리한 면이 있지요. 당시 철거를 추진했던 정부도 이런 전략을 사용했다고 봅니다. 간명한 논리로 국민적 공감대를 형성해 철거를 추진하려 했던 거지요. 반면 철거를 반대하는 측은 철거가 현실적 측면에서 난제일 수밖에 없다는 이야기를 하려 했던 것 같아요. 다시 말해서 사안을 대중의 관심에서 멀어지게 만들어 사업 추진의 힘을 빼려 했던 거지요.

상당히 정치적인 해석이네요.

철거 행위가 통치 정당성을 가시화하는 정치적 성격을 지녔으니까요. 그런 전략적 대립도 있었다고 봐요.

그렇군요. 그럼 철거 논쟁을 진영 간의 논쟁으로 봐도 되는 건가요?

그런 측면이 있었다고 봐요. 앞서 이야기했듯 당시 한국 사회는 오랜 군사정부 시대를 마감하고 문민정부 시대를 맞이한 상황이었어요. 바꾸어 말하면 새로 출범한 정권, 그러니까 개혁 추진 세력과 수구 세력이 대립각을 세우던 시기였지요. 철거는 개혁 추진의 상징적 행위였습니다. 그러니 수구 세력의 입장에서는 개혁 의지가 가시화되고 그로 인해 개혁 세력에 대한 지지가 탄력 받는 상황을 원치 않았을 겁니다.

정치적 입장이 역사문화를 대하는 태도(시각)에 영향을 줄 수 있다는 이야기네요. 정치적 시각을 배제하고 당시 찬반 주장을 보면 어느 쪽 의견이 더 설득력 있다고 보세요?

역사라는 측면에서 보면 후자의 논리가 더 설득력 있다고 봅니다.

철거보다는 보존이 좀 더 역사 친화적인 해법이라는 거지요?

네, 모양이 맘에 안 든다고 나무의 특정 나이테를 제거할 수는 없으니까요. 그럼 나무가 온전치 못하게 되지요. 역사도 마찬가지예요. 앞서 이야기했듯 역사는 편집의 대상이 될 수 없습니다. 끊임없이 해석하고 의미를 부여하는 대상일 뿐이지요. 이런 관점에서 보면 부정 유산을 보존해 역사의 반면교사로 삼자는 주장이 좀 더 역사 친화적인 주장입니다.

그런데 총독부 청사를 철거한다고 역사가 지워지는 건 아니잖아요?

역사는 사료史料라는 흔적을 통해 역사가에 의해 재구성된 과거입니다. 사료에 해당하는 역사 건축물을 말소하는 것은 역사 그리고 역사와의 교감을 희미하게 만드는 일이지요. 역사의 생생한 증거로 작동하는 역사 건축물을 말소하는 것은 역사 편집에 가까운 행위라 볼 수 있습니다.

만약 조선총독부를 보존했다면 일본의 비뚤어진 향수를 불러일으키는 상징적 매체로 작동하지는 않았을까요?

그런 이야기를 하면서 철거를 주장하는 이들이 있었습니다. 국립중앙박물관에 일본인이 많이 방문했고 그들이 식민지 시절의 영화를 회상하러 오는 것 같으니 총독부 청사를 철거해야 한다고 말이지요. 하지만 잘 생각해보면 그건 그들의 문제입니다. 그들이 제국주의에 대한 향수 혹은 자긍심으로 총독부 청사를 바라봤다면 그건 그들의 역사 교육의 문제고 도덕의 문제입니다. 그렇다면 오히려 남겨서 제대로 알렸어야 합니다. 예를 들어 과거 철거를 반대했던 이들의 주장처럼 침략 역사 박물관으로 보존 활용하는 방법을 선택했어야 합니다. 일본을 포함해 모두가 그 의미를 제대로 알고 기억하게 말이지요.

하지만 총독부 청사가 품은 상징성의 불편함을 무시할 수는 없는 것 아닌가요?

어느 정도 공감합니다. 총독부 청사는 능욕과 폭압의 상징성이 강렬한 부정 유산이었으니까요. 하지만 일제강점기도 우리 역사입니다. 그리고 앞서 이야기했듯 총독부 청사는 일제강점기 역사만 담고 있지 않습니다. 시간만 놓고 보면 우리 역사를 더 많이 담고 있지요. 그러니 역사라는 관점에서 보면 흔적도 없이 말소해버릴 대상은 분명 아니었다고 봅니다.

그럼 총독부 청사를 보존했어야 한다고 생각하시는 건가요?

그건 아닙니다. 만약 경복궁이 서양의 궁전처럼 하나의 자립적 건축물이고 그래서 제국주의 건축과의 동거가 가능하다면 모를까, 관계 맺기를 특징으로 하는 이상 그 관계의 중심에 파괴적으로 개입한 건축물의 철거 없이 경복궁을 우리네 궁궐답게 복원한다는 것은 매우 어려운 일이 되었을 테니까요.

이미 지나간 일이지만, 참 어려운 문제였네요.

상징 문제부터 역사문화 측면까지 다양한 것들을 생각해봐야 하는 사안이니까요.

외래 근대건축 유산, 조선총독부 청사

앞서 잠깐 총독부 청사의 건축사적 가치를 언급하셨는데, 총독부 청사가 아름다운 건물이었나요?

경복궁을 모욕했다는 사실을 떼어놓고 보면 아름다운 건물이었지요. 총독부 청사는 웅장한 르네상스식 건물이었습니다. 통일성을 바탕으로 균형미가 두드러지는 건물이었지요. 무엇보다 근대화 시기이 땅에 심어진 제국주의 건축이라는 건축사적 가치를 간과하면 안됩니다.

강제 이식된 외래문화도 보존의 대상이 되나요?

문화란 원래 그래요. 때로는 강제 이식되기도 하지요. 유럽을 한 번보세요. 로마제국 시절 유럽 곳곳에 로마 건축이 들어섰잖아요. 지금 유럽이 로마제국 시절의 건축 유적을 문제 삼나요? 문화는 그냥문화에요.

문화는 흘러가는 대로 인정해야 한다는 말씀이군요.

외래문화라고 배척할 필요는 없어요. 오히려 그래서 의미가 있다고 봐야 하지요. 그게 가장 문화적인 태도에요.

문화는 속지주의적 태도로 수용해야 한다는 이야기지요?[11]

그렇지요. 총독부 청사를 바라보는 기본 시각도 그래야 해요.

다시 건축사적 관점으로 돌아가서, 총독부 청사에서 주목할만한 점이 또 있을까요?

총독부 청사는 규모와 기술 측면에서도 주목할만합니다. 앞서 이야기했듯 준공 당시 총독부 청사는 동아시아 최대 규모의 근대식 건축물이었습니다. 당시로서는 최신 공법인 철근콘크리트 구조였고요.

철근콘크리트 구조 건물이 당시에는 최신식이었군요.

그렇지요. 철근콘크리트가 건축 구조재로 본격 등장한 게 1890년대였고 국내에서는 1910년대부터 철근콘크리트 건물이 지어지기 시작했으니까요.

그렇군요. 그런데 철근콘크리트의 수명을 생각하면 총독부 청사는 어차피 철거해야 할 건물 아니었나요? 보통 아파트도 지은 지 30년 정도 지나면 재건축 이야기가 나오잖아요.

철근콘크리트의 수명은 이론적으로 100년이 넘습니다. 구조 보강을 하면 수명이 연장되지요. 의지만 있다면 개수와 보강, 복원을 통해 철근콘크리트 건물의 원형을 오랫동안 유지할 수 있습니다. 1912년에 준공한 조선은행 본점(현 한국은행 화폐박물관)도 그렇게 100년을 넘기고 있습니다.

그럼 아파트는 왜 그런 거지요?

아파트 재건축은 구조의 물리적 수명만 보는 게 아니에요. 아파트 수명이 짧은 건 주거환경과 건물의 성능을 종합 평가하기 때문이지요. 옛 아파트의 경우 주차면 부족으로 주차 문제가 심각해요. 그리고 일반적으로 설비가 벽에 매립되어 있어 골조에 비해 수명이 짧은 설비의 교체가 어렵지요. 그래서 구조체의 물리적 수명이 남았거나 연장할 수 있다고 해도 재건축을 추진하는 거예요. 물론 여기에는 경제적 이익에 대한 기대로 재건축을 원하는 주민과 주택 공급 확대를 원하는 정부의 이해관계가 맞아떨어지는 측면이 단단히 작용하지요.

그렇군요. 다시 돌아가서, 총독부 청사는 건축사적 가치가 충분한 건물이었네요.

그렇지요.

하지만 철거 논쟁에서 건축사적 가치는 주요 이슈가 되지 못한 거네요.

민족사적 불편함이 철거 논쟁의 주연 자리를 꿰찼으니까요. 경복궁 복원이라는 현실적 이유도 거론됐지만, 철거 논쟁의 핵심은 무례한 위치와 상징성이 유발하는 민족사적 불편함이었어요. 그리고 이 불편함이 국민감정을 어느 정도 지배한 탓에 총독부 청사를 철거할 수 있었지요.

건축사적 가치가 끼어들 틈이 크지 않았다는 이야기지요?

그렇지요. 그리고 당시만 해도 근대 역사 경관에 대한 인식에 인색했던 시절이었어요. 다시 말해서 근대건축의 가치가 그리 주목받지 못하던 시절이었지요.

다른 역사, 다른 정서, 다른 유산

이야기를 나누다 보니 다른 나라의 사례가 궁금해집니다. 제국주의 시대의 식민지 역사는 우리만 겪은 게 아니잖아요. 다른 나라들도 독립 후에 우리처럼 식민 지배를 상징하는 건축물을 철거했나요?

우리와 비슷한 시기에 일제의 지배를 받은 대만의 경우 일치 시기의 대만총독부 청사를 대만 총통부 청사로 사용하고 있어요. 타이베이의 중심부에 가면 볼 수 있지요.

대만의 피탈 기간도 우리랑 비슷하지요?

청나라가 청일전쟁에서 패배한 대가로 대만을 넘겨준 게 1895년이니까 피탈 기간이 우리보다 좀 더 길었지요.

그렇군요. 그런데 우리와 달리 총독부 청사를 철거하지 않았네요. 부정 유산을 대하는 대만의 태도가 우리보다 역사 친화적 혹은 문화적이라고 봐야 하나요?

그렇게 보기는 어렵습니다. 역사적 배경이 다르니까요. 대만의 대일 정서는 우리와 매우 다릅니다. 부정 유산을 바라보는 시각 역시 우리와 매우 다르지요.

구체적으로 무엇이 다르지요? 그들도 우리와 같이 나라를 빼앗기고 해방된 것 아닌가요?

대만은 일제가 지배하기 전까지 국가 개념이 희미했습니다. 이런 이유로 그들에게 일제는 국권 침탈자보다는 새로운 점령 세력에 가까웠지요. 대만총독부와 조선총독부의 역사적 의미가 서로 다르게 받아들여질 수 있다는 말입니다.

그 이전에 대만은 국가가 아니었나요?

대만은 16세기까지 오스트로네시아어족으로 추정되는 원주민이 살던 작은 섬에 불과했습니다. 하지만 제국주의의 팽창을 피하지 못하고 17세기에 들어와 네덜란드에 점령당합니다. 그리고 곧이어 대륙에서 청나라 건국에 반기를 든 한족이 건너와 대만을 장악합니다.[12] 하지만 이 역시 오래가지 못합니다. 20여 년 만에 청나라가 이를 제압하면서 대만은 청나라 관할 구역이 되지요. 하지만 청나라의 소극적인 관리로 명말청초明末清初 대만으로 넘어온 한족(본성인)은 희미한 국가 정체성을 기반으로 삶을 꾸려갑니다. 그리고 시간이 흘러 1895년 일제가 청일전쟁에서 승리하면서 대만은 50년간 일제의 지배를 받게 됩니다. 그리고 일제가 패망한 후에는 국공내전에서 밀린 국민당이 대만으로 이주하면서 대만의 새로운 통치자가 되지요. 대만 인구의 다수를 차지하는 게 본성인인데, 그들 입장에서 보면 점령 세력이 계속 바뀐 것일 뿐입니다.

우리와는 역사적 배경이 많이 다르네요.

그렇지요. 대만은 친일 정서가 강한 나라입니다. 우리와는 정말 다르지요.

대만은 어떻게 친일 정서까지 갖게 된 거지요?

크게 두 가지 이유가 작용했다고 봅니다. 우선 대만은 일치 시기를 통해 근대국가의 틀을 갖추게 됩니다. 앞서 이야기한 것처럼 일치 시기 전 대만은 제대로 된 국가의 틀을 갖추고 있지 않았습니다. 이런 이유로 대만은 일치 시기를 긍정적으로 봅니다. 그리고 해방 후 대만을 점령한 국민당은 현지인(본성인과 원주민)을 심하게 탄압했습니다. 1948년부터 1987년까지 약 40년간의 계엄통치를 통해 본성인과 원주민을 상대로 차별과 폭정을 일삼았지요. 현지인 사이에서는 일치 시기가 더 살기 좋았다는 인식까지 생겨날 정도였습니다. 이런 두 이유가 대만을 지배하는 대일 정서를 반일보다 친일에 가깝게 만들었다고 봅니다.

우리와 대만의 대일 정서가 완전히 다르네요.

다르지요. 그런데도 총독부 청사 철거에 관해 이야기할 때면 대만 사례가 종종 거론됩니다.

아무래도 비슷한 시기에 일제의 지배를 받았으니까 그렇겠지요.

그렇지요. 하지만 양국을 비교할 수 있는 근거는 오직 그것뿐이에요. 앞서 이야기했듯 역사적 배경이 다르다 보니 대일 정서도 다르고 또 그러다 보니 일제의 흔적을 바라보는 시각도 많이 다르지요. 실제 대만 사람들 다수는 일제의 점령 흔적에 별 거부감이 없습니다. 그래서 총독부 청사를 총통부 청사로 사용하고 있는 겁니다.

인근의 다른 나라들은 어떤가요? 인도나 싱가포르도 식민 지배를 받았잖아요.

타이베이에 위치한 대만총통부청사(출처: 위키피디아, 저작권자: kamakura). 일치 시기 대만총독부 청사로 건립된 이 건물은 현재 총통부 청사로 사용되고 있다. 고층탑을 중심으로 한 대칭 형태의 청사는 과거 일제의 위세를 보여주는 상징적 건물로 건립 당시 대만 최고 높이를 자랑했다.

대만이랑 비슷해요. 둘 다 영국의 지배를 받았지만 친영 정서가 지배적이지요. 두 나라 모두 우리와 달리 대만처럼 식민지 시절의 대표 유산을 잘 활용하고 있습니다. 인도의 뉴델리에 가면 식민지 시절 인도 총독궁이 대통령궁으로 사용되는 것을 볼 수 있고,[13] 싱가포르에 가면 과거의 총독부 청사가 박물관으로 운영되는 것을 볼 수 있지요.[14]

인도는 200년이나 영국의 지배[15]를 받았는데 친영 정서가 지배적인가요? 왜 그런 거지요?

크게 두 가지 이유가 있다고 봐요. 첫째, 식민지 역사 전의 인도는 통일된 민족의식이나 국가의식을 가지고 있지 않았어요. 식민 지배 이전의 인도는 이민족들(독립국가들)의 각축장이었거든요. 과거 인도 입장에서 보면 영국의 식민 지배는 또 다른 이민족이 출현해 인도 아대륙을 장악한 것에 불과했어요. 둘째, 인도인들은 식민지 시절 영국이 인도 사회에 기여한 바가 크다고 생각해요. 식민지 시절에도 대다수 국민들은 인도 발전을 위해 영국과 잘 지내야 한다고 생각했어요. 소수만이 영국을 적대적으로 보았지요. 이런 이유들로 인도의 대영 정서 역시 반영보다는 친영에 가깝습니다.

싱가포르는요?

싱가포르는 영국이 국제무역항으로 개발하기 전까지 조그만 어촌에 불과했어요. 다시 말해서 영국이 지배하면서 국가의 틀이 갖추어진 거예요. 그러니까 싱가포르의 식민 지배 역사 역시 국권 피탈보다는 국가 기틀 형성 역사에 가까워요.

듣다 보니 세 국가에 대해서는 식민지 근대화론을 긍정하시는 것처럼 느껴집니다.

식민 지배가 그들의 성장 동력이 되었다고 말하는 것이 아닙니다. 우리와 역사적 배경이 달라 식민 지배국에 대한 감정이 다르고, 식민지 상징 유산의 의미도 다르다는 이야기를 드리는 겁니다.

총독부 청사 철거 논쟁에 참조할만한 해외 사례는 찾기 힘들다고 봐야 하나요?

적극적으로 참조할만한 사례는 찾기 힘들 거예요. 역사적 배경이 다를 테니까요. 우리처럼 역사 도심의 정궁을 파괴하고 제국주의의 상징을 세운 예도 찾기 힘들 거고요. 대만과 인도 사례만 봐도 그래요. 타이베이는 18세기에 한족이 정착하기 시작했고 공식 수도가 된 지 이제 100년이 조금 넘었어요. 뉴델리는 1930년대 완성된 계획도시지요. 이런 이유로 두 도시 모두 수도지만 우리처럼 오래된 정궁이 없습니다. 다시 말해서 오래된 역사의 상징이 제국주의의 상징으로 파괴될 일이 없었던 거예요.

그렇군요. 결국 해답은 스스로 찾아야 하는 거네요.

그렇지요. 해외 사례는 해답을 찾는 데 별 도움이 안 돼요.

만약 조선총독부 철거 논쟁이 있던 시기로 돌아간다면, 그래서 좀 더 시간을 갖고 머리를 맞댄다면, 조금 더 괜찮은 해답을 찾을 수 있을까요?

글쎄요. 지금도 늦지 않은 것 같은데요.

그게 무슨 이야기지요?

우리 상황에 맞게 역사를 보존하는 방법을 고민하는 건 지금도 유효하다는 이야기입니다. 다시 말해서 경복궁도 살리고 조선총독부의 기억도 살리는 방법은 지금도 고민해볼 수 있다는 이야기지요.

총독부 청사는 이미 철거되고 그 자리는 복원됐잖아요. 이제 와서 뭘 어떻게 한다는 거지요?

보존의 초점을 '건축물'이 아닌 '기억'에 맞추면 방법을 찾을 수 있습니다.

생각하고 계신 게 있는 것 같습니다. 그 이야기를 한 번 해보지요.

기억 살리기, 유연한 해법으로

선생님께서는 조선총독부의 기억을 살려야 한다고 보시는 거지요?

네. 경복궁은 국권 피탈의 상징적 장소였습니다. 이런 경복궁을 아무 일도 없었던 것처럼 복원한 건 상당히 아쉬운 대목입니다. 그러니 이제라도 기억을 남겨야 합니다.

뭔가 기억 장치가 될만한 것을 마련해야 한다는 이야기 같은데요?

맞습니다.

자칫하면 경복궁과 불협화음을 일으킬 수 있지 않을까요?

당연히 경복궁 풍경에 해가 되지 않도록 기억을 살려야겠지요.

어떻게요?

몇 가지 방안을 생각해봤는데요. 그중 하나가 총독부 청사 자리에 지하 전시관을 만드는 겁니다. 다시 말해서 지상의 경복궁 풍경을 유지하면서 지하에 전시관을 만드는 거지요. 구체적으로는 일제의 국권 침탈을 주제로 한 역사 전시관을 만들어 치유된 경복궁 아래에 상처 입은 역사를 겹쳐 놓는 겁니다. 그렇게 우리에겐 잊으면 안 되는 어두운 역사가 있다는 걸 가장 뼈아픈 자리에서 공간구조로 암시하는 거지요.

루브르 박물관처럼 궁전 풍경을 유지하면서 지하를 판다는 이야기지요?

네. 맞습니다.

그런데 지상의 경복궁 풍경을 온전히 유지할 수 있나요? 출입구가 필요하잖아요. 루브르 박물관의 유리 피라미드처럼 궁궐 한가운데 출입구를 설치해야 하는 거 아닌가요?

우리네 궁궐은 루브르 궁전처럼 한 덩어리로 생기지 않아서 유리 피라미드 같은 출입구를 설치하면 안 됩니다. 유리 피라미드의 경우 루브르 궁전과 현격한 체적 차이가 나서 풍경의 기본 얼개를 무너뜨리지 않지만 우리네 궁궐은 여러 동으로 분포되어 있어 유리 피라미드 같은 오브제가 들어서면 감당이 안 됩니다. 다시 말해서 공간의 흐름과 풍경 모두 크게 훼손되지요.

루브르 박물관(출처: 위키피디아, 저작권자: Benh LIEU SONG). 루브르 궁전은 프랑스 혁명 시기인 1793년 박물관이 되었다. 그리고 故 미테랑 대통령이 추진한 대규모 증축 및 정비를 통해 1989년 재개장했다. 당시 설계를 맡은 중국계 미국인 건축가 이오밍 페이는 루브르 박물관 전면의 나폴레옹 광장에 유리 피라미드로 연결되는 거대한 지하광장을 만들어 박물관의 모든 공간을 연결했다. 이를 통해 시설 면적을 넓히고 관람 동선의 효율성을 높였으며 역사 건축물의 원형 훼손을 최소화했다. 나폴레옹 광장 중앙의 유리 피라미드는 투명한 재료와 단순한 형태 그리고 궁전과의 현격한 체적 대비로 지상 풍경의 기본 얼개를 깨트리지 않는다. 오히려 현대적 세련미가 대조적으로 역사 건축물의 존재감을 더욱 부각시킨다.

그러면 어떻게 한다는 거지요?

지상으로 돌출되지 않게 출입구를 설치해야지요. 출입구 면적이 크면 부담스러우니까 출입구는 광화문광장에 두는 겁니다. 그리고 경복궁 안에는 조선총독부 주출입구 위치에 조그만 부출입구를 하나 설치하는 겁니다. 똑같이 지상으로 돌출되지 않게 말이지요.

그러니까 광화문광장에서 지하로 내려가 전시관까지 걸어간다는 이야기지요?

네. 어두운 역사의 터널로 들어가는 동선을 연출하는 겁니다. 그리고 이 동선을 광화문광장의 해치마당까지 연결하는 겁니다.

광화문광장 일대를 경복궁까지 포함해서 지하 보행로로 연결하자는 거지요? 그렇게 되면 광화문 일대를 좀 더 입체적으로 즐길 수 있겠군요. 날씨에 구애도 덜 받을 거고요.

그렇지요.

그렇게 지하 공간을 연결하면 상가들을 배치해야 할 텐데 그러면 주변 상권과 경쟁해야 하는 거 아닌가요?

지하 공간이라고 꼭 상가를 배치해야 하는 건 아니지요.

그럼 지하 보행로만 조성하자는 이야기인가요?

아니요. 다른 선진 도시와 비교해서 서울에 부족한 공공도서관을 배치하는 겁니다.[16] 광화문광장 지하에 역사문화를 주제로 한 공공도서관이 들어서면 공공성과 장소성 모두 강화될 겁니다.

말씀하신 내용이 얼추 머릿속에 그려집니다. 상상을 해보면, 광화문역에서 내려 지하 보행로를 따라 걷습니다. 보행로 양 옆에는 역사문화 도서관이 있지요. 그러다 도서관이 사라지고 어두운 통로가 나타납니다. 조금 더 걸어가면 국권 피탈을 주제로 한 역사 전시관에 도착합니다. 전시를 둘러보고는 지상으로 나옵니다. 그러면 평화로워 보이는 경복궁이 나타납니다. 그리고 그 자리에 조선총독부가 있었다는 사실을 상기하게 됩니다. 이런 줄거리를 생각하시는 거지요?

맞습니다.

이야기하고 보니 하나의 긴 역사문화 동선이 그려지네요.

광화문광장과 함께 입체적인 역사문화 동선이 형성되는 거지요.

그런데 스케일이 만만치 않습니다. 예산도 만만치 않을 것 같고 지하에 매장된 문화재나 매설물 처리 문제도 쉽지 않을 거 같네요. 한마디로 실현 가능성에 대해서 의문이 듭니다.

그렇지요. 사실 광장 지하를 개발하는 것은 매우 어려운 이야기입니다. 서울시도 몇 년 전에 광장 지하 개발안을 내놨다가 철회했습니다.[17]

그랬군요. 그렇다면 말씀하신 경복궁 지하 박물관은 광장과 최단 거리로 연결해야 하지 않을까요? 실현 가능성을 조금이라도 더 확보하려면 말이지요.

아무래도 그렇겠지요.

예산이나 실행 면에서 그보다 부담이 적은 아이디어는 없을까요?

그렇다면 이건 어떨까요? 총독부 청사의 배치를 화강석 패턴으로 복원하는 겁니다. 총독부 청사의 외곽선을 따라 외장재였던 화강석으로 바닥 패턴을 입히는 거지요. 그리고 그 패턴에 공인된 친일인사 명부를 새기는 겁니다. 그래서 사람들이 역사의 죄인들을 밟으며 국권 피탈의 역사를 상기하게 만드는 거지요.

한 마디로 경복궁에 잊지 말아야 할 기억을 덧입히자는 거지요?

네. 공간을 해치지 않게 바닥에다가 말이지요.

그런데 총독부 청사의 외곽선이 지금의 경복궁 배치와 충돌하지 않나요?

그걸 보여주려는 거에요. 경복궁 배치와 충돌하는 바닥 패턴으로 일제가 이렇게 경복궁을 침탈했었다고 말하는 거지요.

그렇군요. 그런데 친일인사 명부로 바닥 패턴을 만들자고 하면 관계자들의 반발이 있지 않을까요?

당연히 있겠지요. 과거에도 그랬어요. 노무현 정부 시절 발족한 친일반민족행위진상규명위원회가 친일인사를 발표했을 때도 그랬고 2009년 민간 학술단체인 민족문제연구소가 《친일인명사전》을 발간했을 때도 그랬어요.[18] 사람의 삶을 단편적으로 평가하는 것은 위험하다는 우려부터 사회를 분열시킨다는 비판까지 다양한 부정적 반응이 있었지요.

그럼에도 친일인사 명부로 바닥 패턴을 만들자는 거지요?

친일인사를 재판정에 세울 수는 없으니까요. 친일 청산이 미완일 수밖에 없다면 기억이라도 제대로 해야 할 거 아니에요. 그래서 생각한 건데 바닥에 친일 인사의 이름을 일부만 새기는 거예요. 예를 들어 '이완용'을 '이완ㅇ', 이런 식으로 명기하는 거지요. 다시 말해서 온전히 쓰지 못하는 친일인사의 이름으로 미완의 친일 청산을 암시하는 겁니다. '미완'에 초점을 맞추는 거지요.

그렇게 하면 조금 전에 말씀하신 반발과 우려도 어느 정도 방지할 수 있겠네요. 이름의 한 글자는 친일이 아닌 인생의 다른 면을 의미한다고 해석할 수도 있고 온전히 이름 석 자가 새겨지는 것도 아니니까요.

그렇지요.

그런데 이미 《친일인명사전》이 발간됐잖아요. 경복궁 바닥에 또 한 번 이름을 새기는 게 맞을까요?

목적이 다르잖아요. 사전 발간은 친일 행적의 진상 규명과 기록(기억)이 목적인 거고, 경복궁 바닥에 미완의 친일 명부를 새기는 건 친일 청산의 미완을 기억하자는 거니까요. 그리고 생각보다 많은 이들이 《친일인명사전》의 존재를 몰라요.

그렇군요. 어쨌든 친일 청산이 미완이라는 사실을 조선총독부 자리에 새겨 제대로 기억하자는 거지요?

네. 반면교사로 삼아야 할 중요한 역사적 사실이니까요. 친일 청산의 미완은 가장 뼈아픈 자리에서 기억하는 게 어울려요.

한 가지 궁금해지는 게, 반민특위의 실패로 친일 청산이 요원해진 거잖아요. 반민특위에 대한 흔적은 남아 있는 게 없나요?

명동의 옛 국민은행 본점 자리가 반민특위 본부 자리에요. 예전에 이 건물 앞에 조그만 표지석이 있었어요. 1999년 민족문제연구소가 건물 앞에 반민특위 터 표지석을 설치했거든요. 그런데 몇 년 전 국민은행이 외국계 투자자한테 본점을 매각했어요. 그리고 그 자리에 호텔이 새로 들어섰지요. 그러면서 호텔 측에서 일본 관광객들을 의식해 표지석 철거를 요구했어요. 그래서 민족문제연구소가 그 표지

석을 수거해 용산의 사립 박물관 앞으로 옮겨놨어요.[19]

역사가 자본의 논리에 밀린 거네요.

그렇지요. 사실 그 자리는 기억의 장이 되면 좋을 자리에요. 표지석 정도가 아니라 반민특위의 실패를 제대로 기억할 수 있는 전시관 같은 기억장치가 있으면 좋을 자리지요. 만약 그랬다면 친일 청산의 미완을 더 많은 이들이 일찌감치 곱씹어볼 수 있었을 거예요.[20]

그렇군요. 다시 본론으로 돌아가지요. 바닥 패턴으로 조선총독부를 기억하자는 제안은 처음 말씀하신 지하 박물관 안보다 경제적 부담이 확실히 적습니다. 중요한 역사적 교훈을 효과적으로 전달하는 측면도 있고요. 하지만 경복궁 내 친일 명부가 새겨지는 데는 미완의 명부라 할지라도 부담스러운 측면이 있습니다. 또 다른 아이디어는 없을까요?

하나 더 생각해둔 것이 있긴 합니다. 역사를 잊지 않겠다는 의지의 표명으로 총독부 청사의 중앙돔 첨탑을 원래 위치에, 그러니까 홍례문 앞에 두는 겁니다. 이질적인 대치를 통해 보는 이로 하여금 의아함 혹은 심리적 불편함을 유발함으로써 역사의 아픔을 강렬하게 환유하는 거지요.

첨탑을 가져다 놓자고요?

네. 첨탑이라면 궁궐 풍경에 큰 부담을 주지 않고도 제자리에서 조선총독부의 위세를 기억하도록 할 겁니다. 첨탑은 조선총독부의 위세를 완성했던 건축 요소지요.

첨탑을 새로 제작하자는 건가요?

아니요. 천안에 독립기념관 있잖아요? 그 언저리에 조선총독부 철거 부재 전시공원이 있어요. 총독부 청사를 철거할 때 나온 부재들을 옮겨와 조성한 전시공원인데, 거기에 가면 한가운데 첨탑이 있습니다.

그러니까 그 첨탑을 원래 있던 경복궁 안으로 옮기자는 거지요?

네.

하긴 천안에서 총독부 청사의 첨탑을 보는 건 좀 생뚱맞긴 하네요.

그렇지요. 첨탑이 배달 가능한 제품도 아니고 뜬금없지요.

건축과 장소는 불가분의 관계라고 봐야겠지요?

그럼요. 건축은 터를 기반으로 합니다. 주변 환경과 관계를 맺고 그 자리에서 기억을 구축하지요. 공산품 성격의 아파트나 오피스텔이

조선총독부 철거 부재 전시광장(저작권자: AKS장동룡). 천안시에서도 한참 떨어진 교외 지역에 있는 독립기념관에 보관, 전시된 총독부 청사의 중앙돔 첨탑. 역사적 현장으로부터 직선 거리로만 90킬로미터 떨어진 곳에 있다. 위치만 보면 심기 불편한 역사를 한쪽으로 치워놓은 듯 보인다. 한 마디로 구색은 갖추되 애써 외면한 듯한 인상을 지울 수 없다. 장소를 이탈한 건축의 파편이 역사를 제대로 기억할 수 있을지 의문이다.

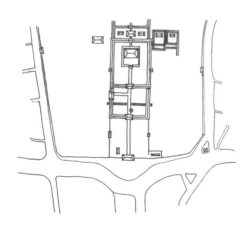

가상의 첨탑 배치도(별색 점은 과저 첨탑 위치 추정 지점). 보존은 과거와의 교감을 주선한다. 보존 대상이 철거되면 시간 여행의 통로도 사라진다. 하지만 대상의 일부만 제자리에 남겨도 이야기가 달라진다. 첨탑은 흥례문 바로 앞에 있었던 것으로 추정된다. 필자의 제안은 독립기념관에 보관된 첨탑을 흥례문과 근정문 사이 혹은 광화문과 흥례문 사이로 이전, 배치하는 것이다. 이렇게 하면 궁궐 공간을 크게 해치지 않고 일제의 무례함을 기억할 수 있을 것이다.

라면 몰라도, 기본적으로 건축과 장소는 불가분의 관계라고 봐야 합니다. 특히 총독부 청사 같이 위치가 의미하는 바가 크거나 역사적 기억을 품은 건축은 더욱 그렇습니다.

말씀하신 의도는 알겠지만, 경복궁에 들어서자마자 우뚝 선 첨탑을 보면 좀 불편하게 느껴지지 않을까요? 마치 정수리에 대못이 박힌 것처럼 느껴질 수도 있잖아요.

누군가는 그렇게 느낄 수 있겠지요. 하지만 많은 이들이 역사를 기억하기 위한 불편함으로, 그러니까 하나의 기억장치로 받아들이지 않을까요?

글쎄요. 거부감이 더 클 수도 있을 것 같은데요.

그렇다면 첨탑을 쓰러뜨려 놓는 건 어떨까요? 아니면 구덩이를 파서 첨탑을 눕히고 반쯤 묻어버리는 겁니다. 다시 말해서 제국주의의 몰락을 상징하는 거예요. 참고로 독립기념관의 조선총독부 철거 부재 전시공원도 그런 개념으로 전시했습니다. 첨탑을 평지보다 낮은 곳에 배치하고 주변에 다른 부재들을 흩뿌려서 제국주의의 몰락을 연출했지요.

그렇다 해도 여전히 민족주의적 정념이 감정적으로 작동하여 첨탑을 바라보지는 않을까요? 많은 이들이 경복궁에 일제의 잔재를 들일 수 없다고 반대할 것 같은데요.

과거에 비해 반일 민족주의 정서가 많이 수그러들었다고 봅니다. 그리고 최소한의 흔적마저 용납할 수 없다면 역사를 있는 그대로 기억할 생각이 없는 건 아닐까요? 총독부 청사의 파편은 잔재가 아닌 사료史料입니다. 감정 이입을 통해 사료를 잔재로 치부해버리면 안 됩니다. 그러면 역사를 편집하게 됩니다. 이런 태도는 경계해야 합니다.

잔재로 보면 배척하게 된다는 이야기지요?

네. 보통 잔재는 일제가 심어놓은 문화 중 우리 사회에 부정적 영향을 미치는 대상을 의미합니다. 지양해야 할 태도나 사고방식을 존속시켜주는 현재진행형의 문화를 이야기하지요. 그래서 잔재는 청산의 대상이 됩니다. 대표적인 예가 바로 "몸과 마음을 바쳐 충성을 다할 것을 굳게 다짐"했던 국기에 대한 맹세입니다. 이 맹세는 일제강점기의 황국신민서사처럼 국가에 대한 맹목적 충성심을 고취하기위한 맹세였습니다. 과거 우리는 이 맹세를 일제강점기 때처럼 훈육적 의례를 통해 정신에 새길 것을 강요받았습니다. 결국 폐기되지는 못했지만, 맹세의 내용이 일부 수정되었지요.[21] 이렇듯 우리 삶에 부정적으로 작동하는 문화는 청산의 대상이 되는 것이 마땅합니다. 하지만 총독부 청사의 파편은 우리 삶에 부정적인 영향을 주지 않습니다. 악의적 의도가 제거된 채 과거와의 교감을 주선하고 그리하여

교훈을 주기도 하는 사료의 역할을 할 뿐이지요. 역사문화를 대하는
데 있어 불필요한 감정적 배척을 지양하자는 겁니다.

총독부 청사도 경복궁과 파열음을 내며 우리네 문화유산에 부정적
인 영향을 미친 잔재로 볼 수 있는 거 아닌가요?

건축적 관점에서 보면 그렇게 볼 수 있지요. 그래서 애초에 온전한
보존은 최선의 해답이 되기 어려웠다고 봅니다.

앞서 예로 든 아이디어들처럼 철거와 보존 사이의 해법을 찾았어야
한다는 말씀이군요.

네. 지금이라도 유연하게 접근하면 다양한 해법을 찾을 수 있습니
다. '기억'에 초점을 맞춘다면 말이지요.

그러기 위해선 지금이라도 유연한 해법이 필요하다는 사회적 동의
가 있어야겠지요?

그렇지요. 그러려면 먼저 사회적 관심이 형성되어야 합니다.

총독부 철거 문제를 환기할만한 이슈가 있을까요?

과거에 비해 부정 유산과 근대 역사 경관에 대한 관심이 높아졌습니

다. 이런 분위기를 고려할 때 누군가 우리처럼 이야기를 꺼내고, 또 누군가 관심을 보인다면, 가능성이 전혀 없는 이야기는 아닐 겁니다. 무엇보다 이런 이야기를 꺼낼 당위성만큼은 충분합니다. 총독부 청사 철거 당시에는 충분한 논의를 갖지 못했거든요. 역사 도심의 대표 공간(경관)을 논하는 만큼 충분한 시간을 갖고 다양한 의견을 수렴, 검토했어야 했는데 그런 부분이 부족했습니다. 그렇다면 지금이라도 다시 들여다보고 당시 놓친 게 무엇인지, 또 지금이라도 논의할 것은 없는지 살펴야 합니다. 그것이 역사 도심을 역사 도심답게 보존하고 가꾸는 최선의 자세일 겁니다.

그렇긴 한데 누가 이 난해하고 민감한 주제를 이야기하려 할까요? 그것도 지나간 일을요.

알 수 없지요. 하지만 역사문화 측면에서 한 번쯤 곱씹어볼 과거인 건 분명합니다. 그럴 때도 됐다고 보고요.

그럴 때가 됐다는 게 무슨 뜻이지요?

우리 사회는 선진국 대열에 들어섰습니다. 후발 주자로서의 콤플렉스도 어느 정도 극복했고요. 그렇다면 과거보다 역사를 좀 더 여유롭게 마주할 수 있지 않을까요? 다시 말해서 민족 감정이 아닌 역사로 일제강점기를 마주할 수 있지 않을까요? 진정한 역사문화 도시를 꿈꾼다면 말이지요.

'기억 살리기'라는 난제

만약 조선총독부(중앙청) 기억 살리기 프로젝트를 진행한다면 어떤 일이 벌어질까? 2022년의 청와대 구본관(옛 조선 총독관저) 모형 제작 논란을 보면 어렴풋이 짐작해볼 수 있다.

경무대(청와대 구본관, 1962년 촬영, 출처: 서울역사아카이브).

1939년 준공된 조선 총독관저는 제7대 조선 총독 미나미 지로를 포함, 3명의 조선 총독이 기거하였으며 광복 후 미군정 시절 미군 사령관 하지 중장의 관저로 사용되었다. 1948년 대한민국 정부 수립 이후 노태우 정부 전반기까지는 대통령 집무실과 관저(청와대 구본관)로 사용되었다. 1993년 청와대 구본관은 김영삼 정부의 '역사 바로 세우기'의 일환으로 조선총독부(중앙청)와 함께 철거되었다. 청와대 구본관은 최근 개방된 청와대 본관과 대통령 관저 사이에 있었다.

2022년 7월 21일 문체부는 대통령 업무보고에서 청와대 구본관 "모형 복원" 추진을 언급했다. 당시 야당은 "조선총독부였던 중앙청 모형도 복원하겠다고 하는 것은 아닌지 우려된다"고 비판했다. 그렇다면 문체부는 어떤 취지로 "모형 복원" 추진을 보고한 걸까? 해당 업무보고 자료에 따르면 구본관에 거주했던 이승만 대통령부터 노태우 대통령까지, 그 기억에 대한 역사적 의미 부여가 취지인 듯하다. 그렇다면 야당은 일제강점기 시제를 빌어 과거 보수 정권에 대한 의미 부여를 막고 싶었던 건지도 모른다. 이렇듯 청와대 구본관은 일제강점기부터 광복 후 근현대사까지의 민감한 역사를 담기에, 기억 살리기 역시 민감한 의제가 될 수밖에 없다.

다시 처음 질문으로 돌아가서, 만약 조선총독부(중앙청) 기억 살리기 프로젝트를 진행한다면 어떻게 될까? 아마도 청와대 구본관 사례와 비슷한 양상의 논란이 전개될 것이다. 그럼에도 필자가 조선총독부(중앙청)의 기억 살리기를 주장하는 이유는 좋은 해법만 찾는다면 '기억'과 '정서'가 사이좋게 공존할 수 있다고 믿기 때문이다.

미완의 재구조화: 광화문광장(1)

광화문광장에 관해 이야기해보지요. 얼마 전 광화문광장 재구조화가 완료되었습니다.[22] 이건 왜 진행한 것이지요?

간단히 이야기하면 좀 더 보행 친화적인 광장으로, 그러니까 좀 더 일상 친화적인 광장을 만들기 위해서였습니다.

이전 광장 형태가 보행 친화적이지 못했다는 이야기군요.

상대적으로 그렇지요. 차로 위의 섬 같았으니까요. 광화문광장은 자동차로 가득 찬 차로였습니다. 그러다 2009년에 서울시가 차로 중앙에 광장을 조성합니다. 그러면서 광화문광장은 세계 최대의 중앙분리대라는 비판을 받습니다. 물론 자동차만 다니던 시절에 비하면 보행 친화적으로 대변신을 한 거지만 광장다운 광장을 기대하는 측면에서 보면 아쉬움이 컸던 것 또한 사실입니다. 그래서 광화문광장 재구조화를 추진한 겁니다. 광화문광장을 좀 더 광장답게, 보행 친화적으로 업데이트한다는 취지로요.

광화문광장 재구조화를 긍정적으로 보시는 건가요?

아쉬운 점이 있긴 하지만 방향은 긍정적으로 봅니다. 참고로 광화문광장의 개선 방향은 2017년 서울시에서 공개한 민관합동포럼 전문에 잘 나와 있습니다. 관심 있으시면 한 번 보시면 좋겠네요. 광화문광장으로 대변되는 역사 도심의 미래상을 잘 그려놨습니다.

간략하게 내용을 말씀해주실 수 있을까요?

우선 취지부터 말씀드리면, 광장을 중심으로 보행 네트워크를 강화하고 주변 건물의 용도와 높이, 형태를 정비해 광장에 어울리는 경관과 기능을 확보하자는 겁니다. 그래서 광장을 광장답게 만들고 경복궁을 존중하는 역사 풍경을 회복하자는 이야기지요. 내용에 있어서는, 광화문광장에 접한 차도를 모두 지하로 내려 보행 전용 광장으로 만들고 광장에 접한 건물 지반층에 시민들을 위한 편의 시설이 들어설 수 있게 유도하자는 겁니다. 그렇게 해서 시민들이 광장을 편히 즐길 수 있게 하자는 거지요. 광장에 접한 빌딩들의 높이를 단계적으로 낮추어 광장과 경복궁에 어울리는 편안한 풍경을 만들자는 거고요. 그렇게 광장에 어울리는 위요감(둘러싸인 느낌)도 갖추고 역사 경관도 회복하자는 이야기지요.

차도를 모두 지하로 내려 전면 보행화를 한다는 건 참 대담한 발상인데요? 하지만 재구조화된 광장을 보면, 포럼의 제안과 달리 광장

재구조화 이전의 광화문광장.
기념비적 구조 덕에 광장보다는 무대의 느낌이 들고, 일상보다는 이벤트가 먼저 떠오르는
공간이었다.

재구조화를 마친 광화문광장.
광장이 서측으로 연장되어 좀
더 보행 친화적인 모습으로 변
신했다. 하지만 여전히 차량 중
심의 교통 계획이라는 관성을
극복하지 못한 모습이다.

이 한쪽으로만 확장됐을 뿐입니다.

그래서 아쉽습니다. 이번 재구조화를 보면 광장의 전면 보행화도 미완에 그쳤고 광장에 접한 빌딩들의 높이를 낮추는 구체적 방안도 마련되지 않았습니다.

여느 일이 그렇듯 비전을 현실화하는 데는 한계가 있겠지요. 그럼 이게 최선이라고 봐야 하나요?

글쎄요. 이번에는 최선이었을지 모르겠지만 앞서 이야기한 비전에 기초해서 지속적으로 변화를 도모해야 한다고 봅니다. 광화문광장이 광장다워지려면 2차원을 넘어 3차원적 변화가 필요하거든요.

보행 중심 도시 선언: 광화문광장(2)

광화문광장의 전면 보행화가 미완에 그쳐 아쉽다고 하셨습니다. 광화문광장의 전면 보행화가 꼭 필요하다고 보시는 거지요?

네. 그 이유를 자세히 말씀드리고 싶습니다. 첫째, 광장은 보행자를 위한 일상 공간입니다. 다시 말해서 보행자가 물리적으로나 심리적으로나 편히 접근하고 즐길 수 있는 공간이어야 하지요. 하지만 통과 차로가 있으면 광장답게 즐기기가 힘들어요. 한마디로 광장이라는 타이틀이 무색해지지요. 둘째, 광화문광장은 역사를 대하는 품격이 명징하게 드러나는 국가대표 역사문화 공간입니다. 그렇다면 지금과 같이 경복궁을 나서자마자 자동차가 쌩쌩 달리는 모습을 보여줘서는 안 됩니다. 세종대로 사거리에서 경복궁을 바라볼 때도 마찬가지고요. 역사 풍경으로의 몰입을 방해하거든요. 그리고 마지막으로, 국가대표 공간의 변신이 주는 파급 효과가 큽니다. 광화문광장을 전면 보행화하면 이동 패러다임 전환을 선언하는 효과를 얻을 수 있습니다. 국가대표 공간이 가진 크기와 영향력 때문이지요. 결과가 좋다면 보행 중심 도시 만들기를 적극 실천하는 하나의 계기가 될 수 있습니다.

그런데 도시를 보행 중심으로 재편하는 것이 중요한가요?

보행 중심 도시 만들기는 세계적 추세에요. 그 효익이 다양하거든
요. 우선 대중교통 이용 증가로 이동 효율성이 증가하면서 탄소 배
출량이 감소해요. 기후 위기를 맞이한 상황에서 중요한 대목이지
요.[23] 많은 이들이 걸으면 지역 상권이 활성화됩니다. 그리고 차로와
주차장을 공공시설로 전환하면 지역 커뮤니티도 활성화됩니다. 한
마디로 도시에 활력이 생기는 겁니다. 걷기의 증가는 개인의 건강
도 증진합니다. 무엇보다도 시민의 권리 측면에서 모두가 도시를 이
용할 수 있도록 보행이 최우선시되어야 합니다. 보행은 가장 평등한
이동 수단이니까요. 다시 말해서 보행자의 도로 점유율이 차량보다
더 높아야 하는 겁니다. 이런 이유로 여러 선진 도시가 차 없는 도시
car free city 만들기에 열중하고 있어요. 주차장을 없애고 높은 혼잡통
행료를 부과하는 등 다양한 수단을 통해 도심의 차량 이용을 극소화
하고 있지요.

예를 말씀해주시면 좋겠네요.

스페인의 바르셀로나는 2016년부터 카프리존 성격의 슈퍼블록을
지정하기 시작했습니다. 슈퍼블록의 기본 개념은 블록을 9개 단위
로 묶어 차량 진입과 운행을 극도로 제한하는 겁니다. 구체적으로
보면 슈퍼블록에는 거주자 차량과 배송차·응급차 같은 필수 서비스
차량만 진입할 수 있습니다. 다시 말해서 통과 차량의 진입이 원천

봉쇄되는 거지요.

영역을 지정해서 차량 진입을 봉쇄한다는 거지요? 거리 분위기가 완전히 바뀌겠는데요?

차량 진입만 봉쇄한 게 아니라 차도에 벤치와 놀이터 같은 공공시설도 설치했지요. 덕분에 보행자들이 마음 편히 가로를 즐길 수 있게 됐습니다.

성공적이라는 이야기로 들리네요. 그럼 바르셀로나는 슈퍼블록을 계속 확대하는 건가요?

네, 맞습니다. 바르셀로나는 지속해서 슈퍼블록 지정을 확대해왔습니다. 진척 상황을 보면 향후 10년간 도심 대부분이 슈퍼블록화될 것으로 보입니다. 장기적으로는 바르셀로나 전체가 그리 될 것으로 보이고요.

도시 전체를 보행 중심으로 재편하겠다는 거군요.

그렇게 보여요. 실현 여부는 끝까지 지켜봐야겠지만요.

다른 사례는 없나요?

노르웨이 오슬로의 경우 도심을 사실상 카프리존으로 만들었어요. 오슬로는 2016년부터 현재까지 도심에서 차량 이용을 매우 어렵게 만드는 정책을 단계적으로 시행해왔어요. 도심의 노상주차장을 놀이터나 자전거 주차장 같은 공공시설로 전환하고 일부 가로에서는 차량 진입을 아예 금지했어요. 그리고 이를 위해 대중교통 시스템을 개선하고 자전거 도로망을 증설했지요. 그 결과 도심에서 차량을 보기 힘들어졌습니다.

오슬로도 바르셀로나만큼 상당히 적극적이네요.

다른 선진 도시들도 마찬가지예요. 도로를 보행자에게 돌려주는 정책을 적극적으로 추진하고 있지요. 앞서 말씀드린 것처럼 보행 중심 도시 만들기는 거스를 수 없는 하나의 큰 흐름이거든요.

그럼 서울은 어떤가요? 피부에 와닿을만한 변화는 없는 듯한데요. 어떤 행보를 보여주고 있지요?

서울도 약 10년 전부터 보행 친화 도시를 목표로 보행 환경을 개선해왔어요. 차선을 감축하고 보행로와 자전거 도로를 확대하는 등 점진적인 변화를 도모해오고 있지요. 하지만 도시가 큰 탓인지 진도가 느린 탓인지 체감이 잘 안 되는 상황입니다.

그렇군요. 다시 광화문광장으로 돌아와서, 광장의 전면 보행화가 보행 중심 도시 만들기 차원에서 필요하다면 단계적으로 추진하면 되지 않을까요?

서울시 이야기를 들어보면 재구조화 이후 장기적으로 그럴 계획이었다고 해요. 하지만 서울시장이 바뀌면서 그마저도 불투명해진 상황입니다.

광장의 전면 보행화가 힘든 현실적 이유가 있기 때문에 그러는 게 아닐까요?

서울시는 광화문광장을 전면 보행화하려면 포럼에서 제안한 것처럼 도로를 전부 지하로 보내야 하는데, 그러려면 천문학적 비용이 발생하고 공사 기간도 길어져서 시민 불편이 너무 크다고 이야기합니다. 지하 구조물 처리 문제도 까다롭고요. 여러모로 현실성이 없다고 판단하는 거지요.

그 이야기도 설득력이 있네요. 광장의 전면 보행화라는 것은 솔직히 현실성 없는 이야기 아닐까요?

그렇지 않아요.

그런가요? 설명이 필요할 듯합니다.

차도를 지하로 보내야만 지상의 전면 보행화가 가능할까요? 인사동 길 밑에 지하차도가 있는 건 아니지요. 앞서 이야기한 바르셀로나와 오슬로가 지하에 차도를 설치해서 카프리존을 만든 게 아니고요. 왜 자동차 통행을 유지하는 전면 보행화를 고민하지요? 앞서 이야기했 듯 보행 중심 도시 만들기의 목표는 자동차 이용량 감소입니다. 그 런데 자동차 이용을 유지하면서 전면 보행화를 고민하다니요. 그건 자동차 중심의 도시계획에서 벗어나지 못한 거예요.

인사동길은 소로잖아요. 세종대로는 주요 간선도로고요. 주요 간선 도로를 대안 없이 전면 보행화하는 건 교통 체계상 무리 아닐까요? 그리고 유럽의 도시들은 서울처럼 크지 않잖아요. 그럼 유럽의 사례 를 참조하기 어려운 거 아닌가요?

맞는 이야기에요. 하지만 앞선 사례처럼 도심 전체를 목표로 카프리 존을 추진하자는 게 아니잖아요. 단 하나의 도로를, 그것도 광장이 약속된 도로를 전면 보행화하자는 겁니다. 서울의 간선도로를 모두 전면 보행화하자는 것도 아니고, 대중교통 시스템이 우수한 환경에 서, 역사문화의 격을 높이는 당위성까지 고려한다면 충분히 시도할 만한 일 아닐까요?

글쎄요. 워낙 익숙지 않은 발상이라 고민이 듭니다.

좀 더 건강한 도시를 원한다면 익숙해져야 해요.

조금 더 생각해보겠습니다. 어쨌든 광화문광장 북측의 광화문 삼거리와 동측 차로를 폐쇄해서 전면 보행 광장으로 만들자는 이야기네요. 지하차도 없이 말이지요.[24]

네. 그런데 논의할 것도 많고 사회적 동의도 어느 정도 필요하니까 시험 운영을 먼저 해보자는 거예요.

시험 운영이요?

네. 광화문광장을 출근 시간을 피해서, 오전 6시부터 10시까지 4시간만 제외하고, 6개월간 차량 통행을 금지해보는 거예요. 또는 6개월간 전일제로 차량을 통제하면서 차도 위에 벤치 같은 편의 시설을 임시로 설치해보는 거지요. 참고로 바르셀로나의 슈퍼블록도 별도의 포장 공사 없이 차도 위에 벤치와 자전거 주차장 같은 편의 시설들을 설치했습니다.

그리고 지켜보자는 건가요?

그렇지요. 그래서 결과가 좋으면 시간제든 전일제든 영구화하는 거예요.[25]

경복궁 앞으로 쌩쌩 달리는 자동차들. 경복궁에 도달하는 동안 역사 풍경으로의 몰입을 방해하고 경복궁을 나서는 순간에도 당혹스러울 정도로 역사 풍경의 여운을 앗아간다. 이로써 역사문화 풍경은 음미와 교감의 대상이 되지 못하고 광장의 품격 또한 내세울만한 것이 되지 못한다.

시뮬레이션을 돌려보면 알지 않나요? 차도를 완전히 통제하면 주변의 차량 흐름이 어떻게 되는지 어느 정도 예측 가능할 텐데 시험 운영을 해볼 필요가 있나요?

제가 제안하는 시험 운영의 주된 목적은 시민들의 반응을 확인하는 거예요. 효율성을 위한 차량 흐름 모니터링이 아니고요.

차량 흐름이 좀 나빠져도 상관없다는 이야기인가요?

그런 이야기는 아니지만, 가정을 해볼게요. 광장을 전면 보행화했더니 주변의 차량 흐름이 조금 나빠졌어요. 그런데 시민 다수가 전면 보행화를 반겨요. 그러면 어떻게 해야 할까요? 차량 흐름이 나빠졌으니 시험 운영을 종료하고 원상태로 복귀해야 할까요? 아니지요. 고민해봐야지요. 차량 이동의 효율성은 도시 구조를 결정하는 데 있어 고려해야 할 요소 중 하나에 불과해요. 도시계획은 운전자가 아닌 시민을 위해 하는 거니까요.[26]

좀 혼란스러운데요.

자동차 중심 도시계획에 익숙해져서 그래요. 바꿔 말하면 생각의 관성에서 벗어나지 못한 탓이고요.

만약 차량 흐름이 많이 나빠지면 어쩌지요?

차선 통제로 주변 차량 흐름이 눈에 띄게 나빠지는 경우는 보지 못했어요. 별다른 변화가 없거나 오히려 좋아지는 경우가 대부분이지요. 대표적인 예가 뉴욕의 타임스퀘어에요.

타임스퀘어 교통 흐름이 좋아졌다고요?

네. 타임스퀘어는 예전에 도로였어요. 그러다 2009년 뉴욕시가 6개월간 차량 진입을 통제하고 보행 광장으로 시험 운영합니다. 그 결과 보행자가 증가하고 상권이 살아나고 주변의 차량 흐름이 좋아지지요. 그래서 영구적으로 오늘날의 타임스퀘어가 됩니다.

광화문광장을 시험 운영해보자는 이야기는 타임스퀘어 사례를 참조하신 거군요.

맞습니다.

시험 운영을 하면 광화문광장도 타임스퀘어 같은 결과가 나올까요?

장담할 수는 없지요. 조건이 다르니까요. 그래도 긍정적인 결과가 나올 거라 봅니다.

보행 전용 광장으로 운영한다고 할 때 둘 사이의 가장 큰 차이점은 뭘까요?

길이지요. 광화문 삼거리부터 세종대로 사거리까지 전면 보행화하면 경복궁과 연결되어 남북 방향으로 1킬로미터가 넘는 보행 전용 공간, 그러니까 지상 교통 통제구간이 형성되거든요.

그 정도 길이의 교통 통제는 부담스럽지 않나요?

그 부분은 시험 운영에 앞서 관련 전문가와 함께 검토해봐야 합니다. 필요하다면 보행 전용 광장이라는 틀 안에서 대안을 마련해야

광화문광장을 가로지르는 지하차도 출입구. 정부서울청사 방향에서 본 모습이다.

합니다.

미리 상상해본다면 어떤 대안이 있을까요?

광화문 앞에 지하차도가 하나 있잖아요? 그걸 버스 전용 차로로 개조 전환하고 지상은 보행 전용 광장으로 운영하는 건 어떨까요? 아니면 현재의 광화문 삼거리 구간만 경로와 속도를 정해 버스만 통과시키고 지하차도는 일반 차량용으로 유지할 수도 있지요.[27]

어떤 대안이 됐든 자가용 이용을 억제하는 방향으로 가야 한다는 거군요.

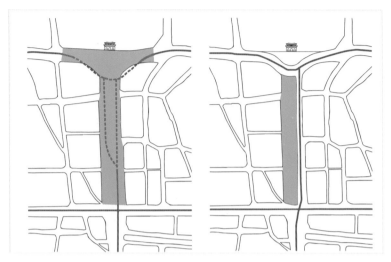

포럼에서 제안한 광화문광장의 전면 보행화 방안(왼쪽, 2017)과 현재의 재구조화 모습(오른쪽). 전자는 차로를 지하로, 후자는 차로를 한쪽으로 옮겼다. 이렇듯 두 방안 모두 간선도로망을 유지하는 보행 광장을 희망한다.

네. 앞서 말씀드렸듯이 그게 보행 중심 도시 만들기의 목표니까요. 광화문광장의 재구조화는 광장다운 광장 만들기를 넘어 보행 중심 도시 만들기라는 시대적 과제 차원에서 고민해야 해요.

시험 운영을 통해 그 가능성을 타진해보자는 거지요?

맞습니다. 급진적 변화를 추진하려면 사회적 동의가 필요합니다. 반대와 우려가 크면 추진하기 힘들지요. 그래서 가성비 좋은 실험을 통해 공감대를 형성하며 추진해보자는 겁니다.

물론 서울시의 의지가 있어야겠지요?

당연하지요.

충분히 말씀을 들어본 것 같습니다. 이쯤에서 광장의 전면 보행화 이야기를 마무리할까 하는데, 마지막으로 한 말씀해주시지요.

광화문광장이 전면 보행화된다면 보행 중심 도시로의 전환을 촉진하는 거점이자 상징이 될 수 있습니다. 이 점을 모두가 꼭 기억했으면 합니다.[28]

바르셀로나의 공공성 회복과 슈퍼블록

바르셀로나 신도심 에익삼플레 계획안(1859, 출처: 위키피디아). 하단의 짙은 색 부분이 구도심 시우타트 베아Ciutat Vella, 옅은 색 블록형 격자 부분이 신도심 에익삼플레Eixample다.

하늘에서 본 에익삼플레(출처: Freepik.com). 초기 계획과 달리 블록이 꽉 찼다.

　　1800년대 바르셀로나는 급속한 산업화로 인구가 급증했고 그 결과 주거환경이 열악해졌다. 1859년 토목기사인 일데폰스 세르다는 이를 해결하기 위해 실험적인 도시계획안을 제안했다. 그는 블록 단위의 격자형 도시 구조(도로망)를 제안했다. 블록은 모서리가 가각된 가로 세로 각 113.3미터의 크기였다. 세르다는 블록의 중앙을 비우고 외부 사면 중 일부에만 건물을 배치할 것을 제안했다. 거주자 모두가 채광과 통풍의 이점을 누리며 중앙정원을 즐길 수 있도록 하기 위해서였다. 그리고 도로는 노면전차와 보행자 그리고 마차의 동선을 분리할 것을 제안했다. 이는 안전하고 편안한 보행을 확보하기 위해서였다. 종합하면 세르다의 계획안은 거주의 쾌적성과 보행자의 편의 그리고 공공 공간의 확보를 중시했다. 바르셀로나는 이 혁신적인 계획안을 받아들였고 이를 바탕으로 20세기 초까지 도시를 확장했다.

하지만 시간이 지나면서 세르다의 도시계획이 실현된 신도심 에익삼플레는 크게 변모했다. 그가 제안한 격자구조의 도로망과 블록 크기에는 변화가 없었지만, 블록과 가로의 내용은 크게 변했다. 블록은 추가로 건물이 들어서고 용적이 커지면서 중앙정원(공공 공간)이 사라졌다. 그리고 가로는 자동차가 점령했다. 그 결과 주거 밀도가 높아졌고 보행권이 위협을 받게 되었다. 다시 말해 인구와 자동차 사용의 증가로 바르셀로나가 다시 한 번 몸살을 앓게 된 것이다. 바르셀로나는 이에 대한 반성으로 1980년대 이후 공공 공간을 새로이 조성하기 시작했고 2016년부터 보행자 중심성을 회복하기 위해 슈퍼블록 지정을 확대하고 있다. 최근 바르셀로나는 에익삼플레의 대부분을 슈퍼블록화하는 계획을 추진중이다.

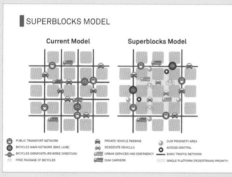

슈퍼블록superilla, superbloc 개념(출처: Urban Mobility Plan of Barcelona 2013-2018). 9개의 블록Manzana, bloc을 하나의 카프리존으로 지정, 차량 진입과 운행을 극도로 통제한다. 현재 바르셀로나는 지속해서 슈퍼블록을 지정, 확대하고 있으며 도시 전체의 슈퍼블록화를 장기 목표로 삼고 있다. 슈퍼블록의 크기는 가로 세로 각각 400미터다.

슈퍼블록의 차도에 설치된 벤치와 조경(저작권자: 문정록).

5장

머나먼 여정,
사대문 도심의 정체성 회복

관성에서 탈화脫化하려면 무엇이 필요한가?

역사 도심,
점點적 역사 경관에서 면面적 역사 경관으로

일러두기 이 글에서는 서울시 역사 도심 기본계획(2015)의 역사 도심의 경관(높이) 계획을 비판한다. 그것이 역사 도심 구역별 건축 지침의 상위 지침으로 전체 경관을 좌우하기 때문이다.

광화문광장 재구조화의 아쉬운 점을 두 가지 말씀하셨습니다. 그중 하나가 광장 주변 건물들의 높이를 낮추는 구체적 방안이 없다는 것이었습니다. 높이를 어느 정도로 낮추어야 한다고 보시는지요?

5~6층 정도로 낮추어야 한다고 생각합니다.

이유가 무엇인가요?

세종대로 사거리에서 경복궁을 바라볼 때 그 풍경이 조화로워야 합니다. 그러려면 경복궁이 북악산 앞에 안착한 것처럼, 광장 축의 건물들 역시 경복궁 앞에 안착해야 합니다. 다시 말해서 광장 축의 건물이 광화문보다 높아서는 안 됩니다.

옛 광화문 풍경의 얼개를 되찾자는 말씀이군요.

바꾸어 이야기하면 '조화'를 되찾자는 겁니다. 과거 광화문 풍경이 아름다웠던 이유는 산세를 배경으로 경복궁과 주변 건물들이 편안한 조화를 이루었기 때문입니다. 하지만 지금은 그러지 않습니다. 고층 빌딩들이 그 조화를 깨버렸기 때문이지요.

이에 대해서 시대가 변했으니 경관도 바뀌는 게 당연하지 않냐고 반문하는 이들이 적지 않을 것 같습니다.

잘 생각해보세요. 예나 지금이나 북악산은 그대로입니다. 그렇다면 북악산에 어울리는 경관의 틀은 유지하는 게 바람직하지 않을까요? 앞서 이야기했듯 경복궁은 상당히 맥락적인 건축물입니다. 치밀하게 계산된 풍경으로 권위를 연출하는 건축이지요. 그렇다면 경복궁을 오브제가 아닌 풍경으로 보존하는 것이 제대로 된 보존 방법 아닐까요?

경관의 틀이 중요하다는 이야기지요?

그렇습니다. 세월이 흐르면 건물은 풍화로 사라집니다. 경복궁 같은 역사 건축물이야 복원을 거듭하겠지만 일반 건물들은 풍화 혹은 개발로 인해 사라집니다. 그리고 그 자리에 시대가 요구하는 새로운 건물이 들어서지요. 이 과정에서 도로망이나 건물 크기 같은 얼개가

돈화문로(종로3가역과 청계천 사이)에서 본 남산 방향 풍경(왼쪽)와 흥인지문공원(낙산성곽길)에서 본 남산 방향 풍경(오른쪽). 인공 건조물의 스카이라인은 남산과 어떤 관계도 맺지 않는다.

흔들리면 경관이 크게 흔들립니다. 그러면 도시의 정체성과 기억도 희미해지지요. 이런 이유로 역사 도심은 경관의 기본 틀을 유지하는 것이 매우 중요합니다.[1]

사대문 도심 전체로 이야기를 확장해보지요.

앞서 이야기했듯 우리는 사대문 도심을 신도시처럼 끊임없이 개발해왔어요. 그 결과 역사적 풍모(분위기)를 잃었지요. 덕분에 경복궁 같은 문화유산과 북촌 같은 동네를 빼면 사대문 도심이나 강남이나 풍경이 별다르지 않습니다.

어떻게 해야 사대문 도심의 역사적 풍모를 회복할 수 있을까요?

앞서 이야기했듯 한양의 풍경이 아름다웠던 건 산세와 건조물이 어우러지는 아늑함 때문이었어요. 그게 역사적 풍모의 핵심이지요. 그렇다면 그 매력을 유지할 수 있게 사대문 도심의 높이를 중저층으로 조정하고 관리해야지요. 특히 지금의 광화문광장처럼 문화유산을 포함하는 역사 가로의 건물은 높이뿐만 아니라 너비와 형태 그리고 마감까지 문화유산과 조화를 이루게끔 세심히 관리해야 해요.

한 마디로 역사 도심의 분위기를 총체적으로 관리해야 하는 거네요.

그렇지요.

말씀하신 내용을 이해하는 데 참고할만한 사례가 있을까요?

멀리 갈 것도 없습니다. 중국의 베이징을 보면 됩니다. 베이징은 구성(구도심) 전체를 면적 개념으로 관리하고 있습니다. 역사 도심의 풍모를 유지하기 위해 가로망과 건물의 높이, 형태, 색채 같은 제반 사항을 도심 전반에 걸쳐 관리하고 있지요. 실제 베이징 구성의 건물 높이는 대부분 18미터 이하로 제한됩니다.[2]

앞서 자금성의 태화전 높이가 40미터가 넘는다고 하셨으니까, 구성의 건물 높이를 자금성보다 안정적으로 낮게 유지하겠다는 거네요.

그렇지요. 그렇게 해서 구성 풍경의 기본 틀을 유지하겠다는 거예요. 바꿔 말하면 역사 도심의 정체성을 유지하겠다는 거지요.

베이징은 언제 그런 계획을 세운 거지요?

2000년대 초에요.

2008년 베이징 올림픽 때문인가요?

그런 측면도 있지요. 중국은 올림픽을 계기로 베이징의 역사적 풍모를 세계에 알리고 싶어 했어요. 그렇다고 순전히 올림픽 때문만은 아니었어요. 중국은 1980년대부터 문화유산이 집중된 지역의 역사적 풍모를 면적으로 보존하는 제도를 준비해왔거든요. 그래서 올림픽 유치를 계기로 2000년대 초에 베이징에서 그 제도를 구체화한 거예요.

그렇군요. 앞서 서울도 2000년대 이후 사대문 도심의 정체성 회복을 위한 계획을 수립했다고 하셨는데, 베이징과 비교하면 어떤가요?

서울은 소극적입니다. 서울의 역사 도심 기본계획을 보면 개발 논리에서 크게 벗어나지 못했습니다. 바꿔 말하면 문화유산을 점적으로 보존하던 모습에서 크게 벗어나지 못한 거지요.

어떤 면에서 그렇게 생각하시지요?

역사 도심 기본계획에서 제일 중요한 건 높이 계획입니다. 하지만 서울의 역사 도심 기본계획은 여전히 고층 빌딩의 신축을 허용하고 있습니다. 예를 들어 세종대로 남측은 90미터, 교차로는 70미터, 북측은 50미터 높이까지 건물을 지을 수 있습니다. 앞서 이야기한 것처럼 광화문 높이는 약 20미터, 기단을 포함한 근정전 높이는 약 25미터지요. 계획대로라면 경복궁 바로 앞까지 고층 빌딩을 꾸역꾸역 들이밀어도 됩니다. 이 정도면 문화유산을 풍경으로 보존하겠다는 의지가 있는지 의심해봐야 합니다.

그래도 말씀하신 내용을 토대로 상상해보면 세종대로 사거리에서 경복궁을 향하는 스카이라인이 낮아지지 않나요? 스카이라인이 북악산과 어느 정도 연결될 것 같은데요.

크게 보면 그렇기는 하지요. 하지만 광화문광장의 역사 경관은 나지막한 가로를 따라 경복궁으로 그리고 다시 북악산에서 하늘로 자연스레 이어지는 것이 핵심입니다. 하지만 방금 이야기한 높이 계획처럼 고층 건물을 단계적으로 낮추어 투시도적 뷰를 강조하면 경복궁이 소실점이 되어버립니다. 다시 말해서 시선이 경복궁으로 꽂히지요. 그리고 스카이라인이 낮아진다 해도 여전히 고층 빌딩이 경복궁(북악산)과 힘겨루기를 하는 탓에 편안한 조화를 맛볼 수 없습니다.

세종대로의 높이 계획은 역사 풍경과 거리가 멀다는 거네요.

그렇지요. 그런데 세종대로만 그런 게 아니에요. 덕수궁 주변의 높이 계획을 보면 최고 높이가 90미터에서 50미터로 궁 앞에서 급하게 낮아집니다. 이 역시 옛 덕수궁 풍경과는 거리가 멀지요.

문화유산 앞에서 마지못해 높이를 낮춘 거네요. 그것도 궁궐보다 높게 말이지요.

그렇지요. 어떻게 보면 문화유산 앞에서까지 개발의 끈을 놓지 못한 거예요.

사대문 도심 전체의 높이 계획은 어떻습니까?

역사 도심의 전체적인 높이 계획을 보면, 중앙의 상업지를 정점으로 북악산과 인왕산 그리고 남산 방향으로 스카이라인이 낮아집니다. 최고 높이로 보면 90미터에서 70미터, 50미터 그리고 저층으로 이어지지요. 다시 말해서 산으로 둘러싸인 도심 중앙에 고층 빌딩으로 또 하나의 산이 형성되는 겁니다. 내사산과 고층 빌딩의 스카이라인을 연결하는 계획일지는 몰라도 역사 경관을 찾는 방법은 아닙니다. 앞서 이야기했듯 사대문 풍경이 아름다웠던 이유는 내사산에 포근히 담긴 모습을 하고 있었기 때문이지요. 그러니 고층 빌딩으로 분지를 채우는 건 이와 배치되는 일입니다. 역사 도심의 정체성과는 거리가 먼 이야기지요.

낙산성곽길에서 본 광화문 방향의 사대문 도심 풍경. 형태와 높이, 마감이 제각각인 덕에 어떤 방향의 질서도 내포하고 있지 않은 듯 보인다. 게다가 산세를 개의치 않는 건 기본이다. 과거 사대문 풍경의 키워드가 아늑한 '조화'였다면 개발 드라이브 시대를 관통한 현재의 키워드는 '충돌'과 '부조화'다.

제가 낙산성곽길에 가끔 가는데, 거기서 사대문 도심을 보면 고층 빌딩들과 주변 산세가 충돌한다는 느낌을 받거든요. 물론 스카이라인을 정비하면 나아지겠지만 조화롭게 보일지 의문입니다.

스카이라인을 그런 식으로 정비하면 덩어리진 고층 빌딩군은 내사산과 부대낄 수밖에 없습니다.

그런데 이런 생각도 듭니다. 사대문 도심도 말 그대로 '도심'인데 밀도 또한 중요하지 않을까요? 사대문 도심의 높이를 낮추는 것이 문제가 되지 않을까요?

도심 높이 계획을 중저층으로 조정한다고 해서 밀도에 문제가 생긴다고 단언할 수는 없습니다. 예를 들어 높이를 중저층으로 관리하는 파리 구도심의 용적률은 277퍼센트고 런던 구도심은 370퍼센트입니다. 서울에서 허용 용적률이 가장 높은 중심상업지역과 일반상업지역의 실현 용적률은 345퍼센트입니다.[3] 물론 이들을 단순 비교하기는 어렵습니다. 하지만 도심 높이 계획을 중저층으로 변경하면 도심 밀도에 문제가 생긴다고 단언하기는 어렵다는 건 알 수 있습니다.

도심 밀도는 높을수록 좋은 거 아닌가요?

토지 이용의 효율성만 놓고 보면 맞는 이야기입니다. 하지만 역사 도심은 도시의 역사적 정체성(풍모)을 보여줄 수 있는 유일한 곳입니다. 그러니 역사적 정체성을 유지하는 범위에서 밀도를 고민해야 합니다. 필요하다면 밀도는 사대문 밖에서 높이면 됩니다.

사대문 도심 면적이 만만치 않은데 가능한 이야기인가요?

사대문 도심 면적은 서울시 면적의 2.9퍼센트에 불과합니다.[4] 수도권을 기준으로 보면 그 비율은 훨씬 더 떨어지지요. 정체성을 포기하면서까지 역사 도심을 고밀 개발할 필요는 없습니다.

당위성은 충분하다는 이야기네요.

그렇지요. 첨언해서 수도권 집중화가 너무 심하다는 걸 짚고 싶습니다. 우리나라 인구의 절반이 수도권에 살고 있지요. 다시 말해서 인구 분산이 시급한 상황입니다. 2021년 우리나라 인구는 감소세로 돌아섰습니다. 이런 상황에서 역사 도심의 정체성을 포기하면서까지 고밀 개발을 해야 할 이유는 없다고 봅니다.

팬데믹 시대를 맞이해서 고밀 도시에 대한 의문도 제기되고 있는 걸로 알고 있습니다.

맞습니다. 거기다 근무 형태의 다양화와 자율주행차의 상용화, 온라인 시장의 성장세 같은 현재진행형 혹은 미래시제의 키워드를 함께 보면 기존의 고밀 도시 모델이 도전을 받고 있는 것만은 확실합니다.

사대문 도심의 높이 규제에 관해 이야기할 때 어떤 이들은 고층 개발을 해야 도심이 발전하고 활기가 생긴다고 합니다.

글쎄요. 어떤 발전을 이야기하는 것인지 모르겠지만, 건물을 높게 지어야만 도심이 발전하나요? 그런 논리라면 파리는 오래전에 발전이 멈춰야 했겠지요. 두바이는 지금 발전에 발전을 거듭하고 있어야하고요. 도시의 활기와 역동적 풍경은 다른 거예요. 고층 빌딩이 역동적 풍경을 만들어낼 수는 있지만, 도시의 활기를 북돋는 필요조건은 아닙니다. 도시의 활기는 공공 공간과 보행 환경의 매력 그리고 산업(근대)유산과 스타트업의 유치 같은 다양한 요소들에 영향을 받습니다. 우리 주변만 둘러봐도 쉽게 알 수 있지요. 익선동이나 인사동길, 성수동과 연남동 경의선숲길을 한 번 떠올려 보세요.

고층 빌딩이 있어야만 도시가 발전하고 활기가 생기는 게 아니라는 이야기지요?

그렇지요. 높이 규제 이야기만 나오면 그렇게 막연하게 이야기하는 이들이 있어요.

높이(용적률)를 제한하면 사업자가 개발을 시도하지 않을 것이고 그러면 도심이 낙후되니까 규제 완화로 개발에 동기 부여를 해야 한다, 이런 뜻은 아닐까요?

도시는 항상 현재의 규제에 맞춰서 개발이 진행됩니다. 그리고 개발만이 낙후성을 개선하는 방법도 아니지요. 요즘은 오래된 건물의 매력을 살리는 리모델링이 하나의 트렌드로 자리 잡아가고 있습니다. 도시는 개발되거나 낙후되거나라는 이분법적 생리로만 작동하지 않습니다. 그리고 다시 말씀드리지만 '개발'을 반대하는 것이 아니니다. 사대문 도심도 개발이 필요한 곳은 해야 합니다. 다만 역사 도심의 정체성을 살리면서 개발해야 합니다.

역동적 풍경은 사대문 밖에서 만들라는 이야기군요.

필요한 만큼 얼마든지요. 하나 더 말씀드리면, 서울의 매력을 높이려면 역사 도심과 강남(신도시)이 대조를 이루어야 합니다. 그래야 서로의 매력을 부각시킬 수 있습니다. 하지만 앞서 이야기했듯 사대문 도심과 강남의 모습이 별다를 바 없습니다. 600년 역사 도심이 50년 신도심을 따라가는 형세지요. 서울의 도시 경쟁력을 생각한다면 이점 역시 다시 생각해봐야 합니다.

서울의 매력도 차원에서 보더라도 사대문 도심이 좀 더 역사 도심다워져야 한다는 이야기네요. 종합해보면 당위성은 충분해 보이는데, 말씀하신 것처럼 역사 경관을 회복하는 것이 현실적으로 가능할까 의문이 듭니다.

쉽지 않겠지요. 사유재산권이 걸린 문제고 우리 사회의 자연화된 개발주의 시각과도 충돌하는 문제니까요.[5] 공감대가 형성되지 않는 한 추진하기 쉽지는 않을 겁니다.

'점'이 된 문화유산들

역사 도심의 문화유산은 '점'이 아닌 '면'으로, 다시 말해서 역사 경관(분위기)으로 보존되어야 한다. 하지만 사대문 도심의 문화유산은 그런 대접을 받지 못한다. 덕분에 점으로 남겨진 역사 도심의 문화유산은 온전한 역사문화 풍경이 되지 못한다. 그리하여 역사 도심의 정체성과 역사와의 교감 모두 희미해진다. 하지만 익숙해진 탓인지 '개발'과의 부조화한 동거에 불편한 심기를 드러내는 이는 별로 없다. 우리는 반문해야 한다. 익숙한 풍경이 과연 최선의 풍경인지.

경복궁 내에서 본 광화문 방향 풍경. 불청객처럼 등장한 고층 빌딩들이 역사 풍경으로의 몰입과 역사와의 교감을 방해한다.

세종대로 사거리의 칭경기념비. 육중한 고층 빌딩과 대형 차로 사이에서 한 점에 불과해진 문화유산은 마지못해 남겨놓은 듯한 '점'이 되어 '거대한 현대'와 부대낀다. 칭경기념비는 고종 즉위 40주년 기념비다.

창경궁 내에서 본 홍화문 풍경. 홍화문은 무질서
한 빌딩들과 함께 콜라주가 된다.

동대문 인근의 동관왕묘. 자랑스러운 역사가 아닌
탓일까? 주변 건물들이 동묘를 존중하지 않는다.
동묘는 중국의 장수 관우의 제사를 지내는 사당으
로 임진왜란 당시 조선을 지원한 명나라의 요구로
건립되었다.

동묘 내에서 본 외삼문(정문) 방향 풍경. 어김없이
고층 빌딩이 역사 풍경으로의 몰입을 방해한다.

도심 속 남대문. 억지로 키를 낮춘 고층 빌딩 사이에서 애처롭게 버티고 있다. 어쩔 수 없이 남겨놓고 개발을 추진한 듯 보이는 이 풍경은 매력적인 반전인가? 탈맥락적 풍경인가? 분명한 건 역사 경관으로서 최선은 아니라는 것이다.

흥인지문공원(낙산성곽길)에서 본 동대문 일대 풍경. 낙산성곽길 끝의 동대문이 현대적 풍경으로 소실된다.

넙데데한 빌딩이 성곽을 막아선다. 이게 무슨 조화調化인가? 참고로 이 빌딩(1~3층)은 한양도성 박물관이다. 아이러니다.

사직단. 개발이 풍경에 개입한 탓에 하늘 아래 엄숙한 고요함이 사라진다(왼쪽).
독립문. 아파트 단지를 배경으로 숨은 그림 찾기가 된다(오른쪽).

경복궁 건너편에서 본 동십자각. 인접 건물 높이가 기
단부를 넘긴 탓에 풍경은 콜라주가 된다. 만약 주변 건
물의 높이가 기단부를 넘지 않고 마감이 벽돌이나 석
재였다면 동십자각 풍경은 본래 목적(망루)에 어울렸
을 것이다.

경복궁 건춘문 방향에서 본 동십자각. 유리 커튼월의
고층 빌딩들이 동십자각을 무안하게 만든다. 동십자
각의 존재를 모르는 듯 보인다.

광화문광장을 풍경 회복의 진원지로

사대문 도심의 역사 경관을 회복하려면 도심의 높이를 중저층으로 조정해야 한다고 하셨습니다.

맞습니다. 구체적으로는 당위성이 높은 곳부터 점진적으로 계획 높이를 낮춰가야 합니다.

당위성이 높은 곳이라면 문화유산 일대겠군요.

맞습니다.

첫 번째 후보지는 앞서 이야기한 광화문광장 일대겠지요?

그럼요. 국가대표 역사문화 경관이니까요. 광화문 풍경은 서울의 품격을 대표하는 하나의 지표에요. 변화의 진원지로 안성맞춤이지요.

5~6층 정도로 낮추면 될까요?

구체적으로 이야기하면 광화문광장(세종대로 북측)에 접한 가로구역[6]의 높이를 19미터 이하로 제한해야 합니다. 건물 높이가 광화문 높이를 넘지 않게 하는 거지요.

'19금'이네요.

그렇네요. 그런데 이 '19금'은 또 다른 차원에서도 중요해요. 역사경관의 핵심은 조화를 바탕으로 한 편안함이지요. 그러니까 사대문 도심의 건물은 우리가 편안함과 친밀감을 느끼는 인간적 척도를 벗어나면 안 돼요. 그래야 과거처럼 어느 지점에서든 도심이 편안하게 느껴져요. 그래서 '19금'이 중요해요. 인간적 척도로 느끼는 높이의 한계가 20미터 정도거든요.[7]

그런데 사대문 도심의 계획 높이를 적극 조정하면 해당 토지주들이 반발하지 않을까요?

그럴 겁니다. 부동산 가치의 하락 폭이 클 테니까요.

그렇다면 토지주들이 집단소송을 제기하지 않을까요?

그럴 가능성이 있지요. 계동 현대 사옥이 떠오르네요.

창덕궁 옆 현대 사옥 말씀하시는 거지요?

네.

그 빌딩을 왜 떠올리셨나요?

토지주들이 소송을 제기할 수도 있다고 하셨잖아요. 그럴 가능성을
예측하는데 참고할만한 사례거든요. 2007년 서울시가 경복궁과 창
덕궁 사이의 북촌을 역사문화미관지구(북촌마을지구)로 지정해요. 역
사 경관 보호 차원에서 해당 지구의 층수를 낮추어야 한다는 취지였
지요. 그러면서 15층짜리 현대 사옥도 재건축하면 4~6층까지밖에
못 짓게 돼요.[8] 그래서 현대 측에서 서울시를 상대로 소송을 제기합
니다.[9]

결과는요?

헌법재판소까지 갔지만 결국은 현대 측이 패소했지요.

법원의 판결 요지는 무엇이었지요?

공익이 사익을 과도하게 침해하지 않는다는 거였어요. 그러니까 공
익을 위해 받아들이라는 거였지요.

현대 입장에서는 억울했겠네요.

그렇지요. 하루아침에 부동산(토지) 가치가 하락했으니까요. 공익이라는 명분(사유)에 쉽게 동의하기 어려웠을 거예요.

이 사례만 봐도 사대문 전반의 도심의 높이를 낮추는 건 쉽지 않은 일이라는 생각이 듭니다. 많은 토지주들이 반발할 수 있겠네요. 하지만 광화문광장 일대 정도는 또 다르지 않을까요? 말씀하신대로 국가대표 역사문화 경관이고 어쨌든 인근의 현대 사옥 사례도 있잖아요.

만약 서울시에서 광화문광장 일대의 높이 조정안을 발표한다면 해당 토지주들이 집단 반발할 거예요. 자칫하면 집단소송으로 이어질 수도 있어요.

현대 사례도 있는데 그렇게까지 반발할까요? 의외로 그냥 받아들이지는 않을까요?

아닐 거예요. 북촌과 광화문광장 일대의 상황이 조금 다르거든요. 북촌은 경복궁과 창덕궁 사이에 있는 동네잖아요. 주거지로 개량한 옥도 제법 남아 있고 광화문광장보다 북악산에 조금 더 가깝지요. 반면 광화문광장 일대는 상업지인데다 북촌처럼 북악산과 궁궐로 둘러싸여 있지 않아요. 그리고 현대 사옥은 창덕궁 바로 옆에 있지만, 광화문광장에 접한 민간 소유의 빌딩은 세종대로 교차로에 몰려 있지요. 거리상으로 보면 경복궁과 350미터 이상 떨어져 있습니다.

이런 이유로 지나친 규제라고 반발할 수 있어요. 법원은 공익이라는 명분이 사익 침해를 감수할 만큼 크지 않다고 판단할 수 있고요. 상황이 좀 다른 데다 개발에 대한 권리가 체화된 사회임을 감안하면 현대 사옥과 같은 판결을 기대하기는 어려울 듯해요.

지금과 유사하게 경복궁 바로 앞만 낮추라고 할 수도 있겠네요.

종국에는 지금과 별다를 바 없는 높이 규제로 귀결될 가능성이 있어요.

그렇게 판결이 나면 높이 조정을 또 시도하기 힘들어지겠네요.

그렇지요. 그래서 성급하게 추진하면 안 돼요. 역사 도심의 면적 보존에 대한 개념이 자리 잡을 때까지, 경복궁을 풍경으로 이해할 때까지 기다릴 필요가 있어요.

공감대 형성이 중요하다는 이야기군요.

맞아요. 공감대가 형성되어야 추동력도 생기고 토지주의 반발이 있어도 법원이 높이 조정에 대해 긍정적으로 판단할 수 있어요.

그렇겠네요.

광화문광장의 이상적 구조

　광화문광장의 이상적 구조는 폭 50~60미터의 공간을 중심으로 인간적 척도의 가로수와 가로구역이 대칭되는 구조일 것이다. 그 이유는 다음과 같다. 첫째, 광장-경복궁–북악산으로 이어지는 편안한 시선의 상승으로 역사 경관의 얼개가 회복된다. 둘째, 광장 경관에 대한 선호를 고려할 때(긴 가로형 광장의 특성상 비례의 조정이 다소 필요하겠지만) 광장의 폭과 둘러싸는 요소(건물 혹은 수목)의 높이는 이론상 3:1의 비례가 적절하다. 그렇다면 광장 양측에 대형 가로수를 배치하여 휴식 공간을 조성하고 적절한 비례를 연출하는 것이 최적일 것이다. 셋째, 광장의 유효 폭을 50~60미터로 조정하면 배치상 역사 경관에 조금 더 가까워진다. 과거의 육조거리는 50미터 남짓 되는 폭을 가지고 있었다. 육조거리가 지금과 같이 100미터의 폭(광화문광장과 도로)을 갖게 된 건 박정희 정부 시절이다. 가로수를 이용해 광장의 유효 폭을 조정한다면 조경패턴(가로수)이 광장 폭의 변천을 암시하게 될 것이다.

가상 풍경으로 공감대 형성을

앞서 공감대 형성을 말씀하셨는데, 광화문 풍경을 바꾸기 위한 공감대를 형성하려면 어떻게 해야 하지요? 시민 참여 포럼이나 세미나를 열어야 하나요?

포럼이나 세미나도 좋지만, 시민들이 피부로 느낄 수 있는 환경을 조성하는 게 더 효과적일 거예요.

어떤 방안이 있을까요?

예를 들어 증강현실AR로 광화문광장의 옛 풍경과 역사 경관을 회복한 현대적 풍경, 그 두 가지를 맛볼 수 있게 하는 거예요. 구체적으로는 세종대로 사거리, 그러니까 광화문광장 초입에서 방금 이야기한 가상의 풍경을 볼 수 있게 하는 거지요. 이걸 보행자 관점에서 상상해볼까요? 광장 초입에 서서 스마트폰의 앱을 실행해요. 그러면 두 가지 선택지가 나와요. 하나는 옛 육조거리 풍경을 감상할 수 있는 메뉴고 또 하나는 5층 규모의 현대건축물이 광장 양측에 늘어선 풍경을 감상할 수 있는 메뉴지요. 그중 하나를 골라 보는 거예요. 둘다 봐도 되고요.

앱을 통해서 현재의 풍경을 바탕으로 가상의 풍경을 보게 한다는 거지요?

그렇지요. 그렇게 해서 현재의 풍경과 비교할 수 있게 하는 거예요. 그리고 현재의 풍경이 희미해지는 기능까지 만들어서 가상의 풍경에 집중할 수 있는 서브 메뉴도 만드는 겁니다. 가상의 풍경이 실감 나게 말이지요.

스마트폰같이 조그만 화면으로 봐서는 실감이 잘 안 날 것 같은데요.

이미 AR 기능이 탑재된 스마트 글래스가 개발됐어요. 범용화되면 실감 나게 가상 풍경을 즐길 수 있을 거예요.

그렇군요. 어쨌든 아이디어는 좋은 것 같습니다. 그런데 참조할만한 사례가 있나요?

있습니다. 누군가 이미 현실로 만들었더라고요. 역시 세상은 쉬지 않고 진보하나 봅니다.

국내 사례인가요?

네. 돈의문 아시지요?

서대문 말씀하시는 거지요?

맞습니다. 서대문, 그러니까 돈의문은 1915년에 철거되었습니다. 일제가 도로 확장(전차 복선화)을 이유로 철거했지요. 그런데 그 돈의문이 2019년 증강현실로 살아났습니다. 돈의문을 보고 싶으면 스마트폰에서 앱을 다운받아 정동사거리에서 실행하면 됩니다. 그러면 돈의문이 원래 위치에서 입체적인 모습으로 나타납니다. 현재의 풍경에 겹친 모습으로 나타나지요. 사실감이 조금 떨어지기는 해도 볼만합니다.

누가 이런 흥미로운 프로젝트를 진행한 거지요?

민간기업입니다. 언론 보도에 따르면 제일기획이 주도하고 서울시와 문화재청이 지원했습니다. 민간기업의 아이디어를 민관 협력을 통해 실현한 거지요.

광화문 풍경의 증강현실도 같은 방식으로 추진하면 되겠네요.

그러면 좋지요. 누가 주도하든 각자의 전문성을 가지고 협력하는 방식으로 진행하면, 사례도 있고 기술의 발전 속도도 빠르고 하니 더 좋은 결과가 나올 겁니다.

증강현실로 되살아난 돈의문(출처: 서울
시). 한양 도성 사대문 중 유일하게 사라
진 돈의문이 가상으로 복원되어 눈앞에
펼쳐진다.

그렇군요. 어쨌든 핵심은 첨단기술을 활용해 옛 풍경과 현재의 풍경
을 비교하고 가상의 현대 풍경까지 맛보게 하자는 거잖아요. 다시
말해서 첨단기술로 역사 경관 회복의 필요성을 어필하자는 거지요.
맞습니다. 그렇게 해서 역사 경관 회복에 대한 공감대를 형성하자는
겁니다.

이왕 하는 김에 일제강점기 버전도 하나 추가하면 좋겠네요.

좋은 생각입니다. 조선총독부가 장악했던 광화문 풍경이 어땠는지
가상으로 체험할 수 있으니까요. 사라진 역사 경관을 순차적으로 볼
수 있다면 더 좋을 겁니다.

그런데 5층 규모의 현대건축물은 가상이지만, 하나의 시범 모델일
테니 신경 써서 만들어야 하지 않을까요?

그럼요. 일종의 청사진인데 잘 만들어야지요. 그래서 생각해본 게
있어요. 서울시 공공건축가들이 모여 광화문광장의 역사 경관에 어

울리는 건축물의 형태, 재료, 색상 등을 정하는 겁니다. 그리고 가상 건축물을 하나씩 맡아서 상세하게 모델링하는 거에요. 그렇게 하면 차후 관련 계획을 수립할 때 참조할만한 모델이 완성될 겁니다.

문화유산과 어우러지게 역사 경관을 회복하려면 높이와 형태, 재료 같은 것들에 대한 가이드라인이 필요하다는 이야기군요.[10]

그렇지요.

건축 요소를 모두 통일하자는 이야기인가요?

어느 정도는요. 세계 어디를 가든 우리가 잘 아는 역사 도심은 높이와 형태, 재료 같은 요소들이 어느 정도 통일되어 있습니다. 과거에 기술적 운신의 폭이 좁았던 탓이기도 하지만, 그 덕에 군집의 미학을 보여주고 있지요. 앞서 이야기했듯 과거의 한양도 그랬고 현재의 유럽 구도심도 그렇습니다.

혹시 생각하고 계신 형태나 재료의 가이드라인이 있나요?

형태에 있어서 광화문 풍경에 편히 융해되도록 수평선을 강조하는 겁니다. 마감재는 벽돌이나 석재처럼 사람의 구축 행위를 연상시키고 시간을 머금는 재료로 한정하고요. 다시 말해서 기계 생산적인 분위기를 지양하고 노동manual labor 친화적이고 시간 친화적인 분위기를 형성하는 거지요. 그렇게 하면 우리네 옛 풍경을 좀 더 은유적으로 이어나갈 수 있습니다.

역사 경관 회복이 어려운 현실을 생각하면, 증강현실이 역사 경관 회복의 현실적 대안이 될 수도 있지 않을까 하는 생각도 듭니다.

어쩌면요. 현실이 녹녹지 않으니까 거기까지가 최선이 될 수 있겠지요. 그래도 앞서 이야기한 광화문광장의 시험 운영과 광화문광장의 증강현실 안을 같이 추진하면 좋을 듯싶습니다. 광화문광장의 역사 경관 회복에 대한 공감대 형성에 시너지 효과가 생길 겁니다.

현실적 해법에 대한 고민과 상상

이제 모든 이야기를 마무리할 시간입니다. 선생님께서 궁극적으로 하시고 싶은 말씀은 사대문 도심 전체의 역사 경관을 회복하자는 거지요?

네. 역사 도심을 역사 도심답게, 그 매력과 정체성을 회복하자는 거지요.

변화를 불러일으킬 만큼 공감대가 형성될까요?

글쎄요. 광화문광장의 역사 경관은 몰라도 사대문 도심 전체의 역사 경관 회복은 공감을 얻기 쉽지 않을 것 같습니다.

왜 그렇게 생각하시지요?

사대문 도심 전체의 높이 계획을 조정한다고 하면 중심부 상업지역이 모두 그 대상이 됩니다. 하지만 대부분의 대상지가 광화문광장의 경우와 달리 주요 문화유산에 접하지 않지요. 게다가 앞서 이야기했듯 우리는 개발주의를 기본값으로 도시를 바라봅니다. 이래저래 쉽지 않은 일이지요.

그렇군요. 사대문 도심 전체의 높이를 변경하는 계획은 추진하기 매우 어렵겠네요.

그렇긴 한데 공감대 형성을 위해 노력해야지요. 그러다 보면 변화를 도모할 수 있지 않을까요?

공감대를 어떻게 형성하지요?

'역사 도심의 면적 보존'을 지속해서 담론화해야지요.

지금 우리가 이야기하는 것처럼 말이지요?

네. 그렇습니다.

어느 정도 공감대가 형성됐다고 가정하고, 사대문 도심의 높이 계획 변경을 추진하면 어떤 일이 벌어질까요?

어느 정도 공감대가 형성됐다 해도 해당 토지주들은 강하게 반발할 거예요. 이걸 외면하기는 어려울 겁니다. 어쩌면 공공이 적정 수준에서 보상해야 할지도 몰라요.

현대 사옥이 보상을 받은 건 아니잖아요?

그렇지요.

그런데 왜 공공의 보상을 말씀하신 거지요?

현대 사례보다 부동산 가치 하락 폭이 클 것으로 예상하기 때문입니다. 구체적으로 이야기해서 현대 사옥 부지는 준주거지역입니다. 서울시 조례상 준주거지역의 건폐율은 60퍼센트, 용적률은 400퍼센트예요. 그런데 앞서 이야기한 것처럼 층수를 4~6층으로 제한하면 용적률이 240~360퍼센트가 됩니다. 바꿔 말하면 용적률이 40~160퍼센트 감소하는 거지요. 반면 서울시 조례상 사대문 도심의 상업지역은 건폐율이 60퍼센트, 용적률이 500~800퍼센트입니다. 만약 상업지역을 북촌처럼 역사문화미관지구로 지정하여 층수를 4~6층으로 제한하면 현대 사례보다 용적률 감소 폭이 훨씬 클 수밖에 없습니다. 다시 말해 부동산 가치의 하락 폭이 훨씬 더 클 수밖에 없지요.

부동산 가치의 하락 폭이 일정 정도를 초과하면 공공이 보상해줘야 한다는 이야기인가요?

그런 건 아니지만 공공이 방향을 틀 정도의 변화를 도모한다면 과거의 실책을 스스로 증명하는 거라 볼 수 있어요. 그렇다면 공공이 어느 정도 책임져야 한다는 결론에 이를 수도 있지요.

그게 무슨 이야기지요?

사대문 도심(상업지역)의 허용 높이를 대폭 낮춘다는 건 도시관리계획의 방향을 크게 바꾼다는 이야기잖아요. 이건 애초에 도시관리계획의 방향을 잘못 설정했다고 인정하는 거나 마찬가지예요. 그렇다면 공공이 어느 정도 책임져야 한다는 결론으로 귀결될 수 있지요. 쉽게 이야기해서 첫 단추를 잘못 낀 책임을 져야 한다고 이야기할 수 있는 거예요.

적극적으로 변화를 도모하면 공공의 보상 문제가 뒤따를 수밖에 없겠네요.

그렇지요. 공익을 위한 목적으로 사익을 제한할 수 있어요. 그래서 도시관리계획(용적률, 높이 등)에 변동사항이 생길 수 있는 거고요. 이건 누구나 인정하는 거예요.[11] 하지만 도시관리계획의 방향을 틀 정도면 쉽게 결론 내기 어려워져요.

공공이 일정 부분 보상하기로 한다면 어떤 방식이 있을까요?

글쎄요. 앞서 보존 문제를 이야기하면서 언급했던 방식인데요. 장기적으로 현금 보상을 하거나 개발권 양도제를 도입하는 정도가 보상 방식이 되지 않을까요?

개발권 양도제를 도입하면 사대문 도심의 계획 높이를 적극적으로 낮출 수 있을까요?

그럴 거라고 봐요. 그런데 개발권 양도제 도입이 쉽지 않을 거예요. 사대문 도심의 계획 높이를 전체적으로 낮추는 보상 수단으로 이를 도입하려면 여러 지역으로 상당한 용적을 분산 송출해야 하거든요. 그런데 그렇게 하려면 용적 수용지 선정에 대한 형평성 문제부터 용적을 수용하는 지역의 기반시설 확보 문제, 용적의 시장가치 산출 문제, 용적 수요 문제, 부동산 시장에 미치는 영향 등 현실적으로 검토해야 할 일이 한둘이 아니에요.

난이도가 높을 거라는 이야기군요.

그렇지요. 만약 사대문 도심의 계획 높이를 낮추는 방안으로 개발권 양도제를 도입한다면 광화문광장 일대 같은 주요 가로부터 시작해서 단계적으로 확산해가는 방안을 고민해봐야 할 거예요.

첩첩산중 속 한걸음은 역사 도심의 숙명

지금까지 사대문 도심의 정체성 회복에 대해 많은 이야기를 나누어 봤는데요. 쉬운 게 하나도 없는 듯합니다.

그렇지요?

네. 공감대 형성부터가 쉽지 않을 거 같아요. 실제로 역사 경관 회복을 내 삶에 직결된 주요사안으로 인식하는 사람이 얼마나 되겠어요? 그런 상황에서 역사 도심의 계획 높이를 적극적으로 낮추자고 이야기할 시장이 있을까요? 선출직 공무원은 표심으로 사는 정치인이잖아요. 개발이 선거공약의 단골 메뉴인 나라에서 누가 그런 모험을 하려 할까요? 사대문 도심의 역사 경관 회복은 요원한 일이 아닐까 싶습니다.

어려운 이야기지요. 역주행하는 음원차트도 아니고 현대 도심에 가까워진 역사 도심의 역사적 분위기를 회복하는 일이 어디 쉽겠습니까? 우리가 지금껏 이야기 나눈 것처럼, 공감대도 형성해야 하고, 선출직 공무원의 정치적 리스크(표심)도 뛰어넘어야 하고, 보상 의무에 대한 찬반 논의도 필요하고, 또 보상하게 되면 방안과 예산도 마련해야 하고, 말 그대로 첩첩산중이지요. 게다가 한 번 형성된 도시는 오랜 시간 지속됩니다. 계획을 바꾼다고 하루아침에 바뀌는 것도 아니지요. 하지만 그래도 지속해서 바람직한 역사 도심의 변화상에 관해 논의해야 하지 않을까요? 그래야 서울이 좀 더 바람직한 방향으로, 완보는 못하더라도 진보는 하지 않을까요?

지속적인 담론 생산이 중요하다는 이야기군요.

네. 그리고 잊지 말아야 할 예정된 사실이 하나 있습니다. 서울에는 우리 다음 세대도 살고 또 그다음 세대도 살 것이라는 점이지요. 그렇다면 그들에게 좀 더 품격있는 서울을 남겨주려 노력해야 합니다. 앞 세대가 우리에게 양적으로 발전된 서울을 물려줬다면 우리는 질적으로 수준 높은 서울을 후세에 물려줘야 합니다. 시대마다 주어진 과제가 다르니까요.

맞는 말씀이긴 하지만, 험난한 여정이 될 거 같네요.

방향이 맞다면 느리더라도 가려고 노력해야 합니다. 그게 현재를 사는 우리의 책무입니다. 그리고 그게 첫 단추를 잘못 낀 현대 서울의 숙명입니다.

이 시대 사대문 도심에 필요한 고민,
"진보는 새로움이 아니다"

탈고를 앞두고 고민이 생겼다. 많은 이야기를 한 탓인지 필자가 전
달하고자 하는 바를 한 문장으로 정리해야 한다는 생각이 들었다.
그러다 문득 건축 전문지에서 본 한 문구가 떠올랐다. 그 문구는 현
대건축 유산의 위기를 다룬 글 속에 첨부된 사진 속 피켓 문구였다.
그 문구는 필자가 한 많은 이야기를 관통하는 문구가 틀림없었다.

"진보는 양질이지 새로움이 아니다Progress is Quality, Not Novelty"
(1962년 뉴욕시 펜실베이니아역 철거 반대 시위 참가자의 피켓 문구)

1960년대 맨해튼과 지금의 사대문 도심 상황은 매우 다르다. 그리
고 이 피켓 문구는 맨해튼의 근대건축물 철거를 반대하기 위한 것이
다. 그럼에도 이 문구가 거듭 떠오른 건 지금의 사대문 도심에 매우
유용한 문구라는 믿음 때문일 것이다.

사대문 도심의 정체성 회복을 위한 필자의 최후 변론은 다음과 같
다. 사대문 도심은 사대문 도심만의 독특한 지형과 역사가 있다. 그
러니 사대문 도심의 미래를 고민한다면 '글로벌 시티'라는 탈맥락적

해법이 아닌 우리네 역사 도심에 맞는 맞춤형 해법을 고민해야 할 것이다. '양질quality'을 구축해야 한다는 관점에서 말이다.

마지막으로, 지면의 한계로 이 책에 담지 못한 사대문 도심 풍경은 온라인에 기록(전소장의 건축 아카이브 중 'Seoul-scape', blog.naver.com/spacematter2020)하기로 한다. 이 책에서와 같이 아름다운 풍경이 아닌 반성을 요하는 풍경을 주로 기록한 것이니 필자의 견해에 공감하는 독자라면 한 번쯤 방문해보길 권한다.

2023년
숭인동 집필실에서

주

들어가며

1   2021년 유엔무역개발회의UNCTAD가 한국의 지위를 개발도상국에서 선진국으로 변경했다.

1장 서울의 역사 풍경

1   서울의 어원은 일반적으로 '서라벌'로 추정한다. 15세기《용비어천가龍飛御天歌》에는 "셔ᄫᅳᆯ"이라는 단어가 처음으로 등장한다. 이후 'ㅂ'이 반모음(w)으로 바뀌면서 17세기까지 "셔ᅇᅳᆯ", "셔울"이 함께 쓰이다가 18세기에는 "셔울"만 쓰이게 되고, 19세기에 현대 국어와 같은 "서울"이라는 형태가 등장하여 지금에 이른다. "셔ᄫᅳᆯ", "셔ᅇᅳᆯ", "셔울"은 나라의 수도首都라는 의미만 지닌 단어였지만, 17세기 이후부터 특정 지역을 가리키는 지명으로도 쓰이기 시작했다.

2   엄밀히 이야기하면 서울은 백제의 수도 한성(풍납토성)으로 시작해 고려의 남경 (조선 시대의 한양 지역으로 추정)을 거쳐 조선의 한양 그리고 일제 치하의 경성과 서울에 이르는 2000년 역사의 수도다. 하지만 백제의 수도는 한강 이남에 있었고 고려의 남경은 별경別京이었기에, 조선 시대의 한양을 수도 서울의 원형으로 보기로 한다.

3   왕건은 역성혁명 후 국호를 태봉에서 고려로 바꾼다.

4   고려의 4대 도시는 개경(개성), 서경(평양), 동경(경주), 남경(서울)이다. 당시 남경의 범위는 현재의 종로구를 중심으로 한 강북 일대였던 것으로 추정된다. 지금의 경복궁보다 조금 더 북쪽에 남경별궁이 있었던 것으로 추정된다.

5   한반도의 음택풍수는 양택풍수로 확장되었다. 이는 사찰을 거쳐 도시까지 퍼져

나갔다. 전개 과정에서 나타난 최초의 풍수 도시는 고려의 개경이었다. 조선의 한양은 개경의 뒤를 이었다. 이 두 도시는 도성 조영 방식이 매우 유사하다. 모두 분지 형태를 띠고 있으며 궁궐과 종묘사직의 배치도 유사하다. 한양의 법궁과 종묘 그리고 사직은 백악산 지맥(산줄기) 끝에 위치하는데 개경의 황궁(만월대)과 태묘 그리고 사직 역시 송악산 지맥(산줄기) 끝에 위치한다.

6　경복궁뿐만 아니라 종묘사직과 창덕궁, 창경궁 등 한양 도성의 주요 시설은 모두 3단 풍경 기법으로 설명할 수 있다.

7　분포 면적 기준으로 한반도의 절반 이상은 화강암류와 화강편마암류로 구성되어 있다.

8　가구식 목구조(기둥과 보) 위에 경사진 서까래를 길게 내밀고 그 위에 암키와와 수키와로 지붕을 올리는 목구조 건축은 고대 중국으로부터 한반도로 전파되었다. 여기에 온돌과 마루가 결합되며 한옥 특유의 정형이 성립되었다.

9　고대에는 한중일 삼국 모두 보편적으로 두꺼운 흙(보토)을 얹고 기와를 올리는 지붕을 만들었던 것으로 추정되나 이후 중국의 남방지역과 일본은 보토를 덜어내는 등의 지붕 변화가 생겼다.

2장 사라진 풍경 도시

1　낙산 높이는 해발고도 기준 125미터다. 광화문 원점의 해발고도가 30미터라서 낙산 높이를 90미터로 표기하였다. 광화문 원점은 광화문 사거리의 중앙 지점이다.

2　당시 일본인이 운영하는 4개의 백화점은 일본인들의 주 활동 무대였던 충무로와 명동 일대에, 조선인이 운영하는 화신백화점은 조선인들의 주 활동 무대였던 종로에 있었다.

3　박흥식(1903~1994)은 1931년 화신상회를 인수하여 증축 후 이듬해 화신백화점을 개업한다. 1935년 화신백화점이 화재로 소실되자 박흥식은 1937년 지하 1층, 지상 6층 규모로 화신백화점을 신축한다. 이후 박흥식은 1944년 조선총독부와 일본군의 지원 아래 조선비행기공업주식회사를 설립하여 적극적인 친일 활동을 한다. 해방 후 그는 반민특위 검거 대상 1호로 구속되었으나 별다른 처벌을 받지 않았으며 이후 사업가로 활발히 활동하다 90세의 일기로 세상을 떠난다.

4　박길룡(1898~1943)은 1919년 경성공업고등학교를 졸업한 후 1920년 조선총독

부의 기수技手가 되어 조선총독부 청사 신축 공사의 실무자로 참여했다. 1932년 조선총독부의 기술 최고직이라 할 수 있는 기사技師가 되었으나 바로 물러나 관훈동에 박길룡건축사무소를 개소했다. 조선의 재래식 가옥 개선에 관심을 두고 계몽 활동을 하였으며 다양한 글과 작품을 선보였다. 모더니즘 건축을 추구한 국내 1세대 근대 건축가로 평가된다.

박길룡은 지금까지 조선 최초의 근대 건축가로 알려져 있었는데, 2020년 건축가 황두진과 김현경 도쿄국립박물관 협력연구원, 유대혁 미국 블룸버그사 아시안팀 에디터가 공동으로 발표한 논문에 따르면 조선 최초의 근대 건축가는 박길룡이 아닌 이훈우다. 이 논문에서 이훈우는 박길룡보다 10여 년 정도 앞서 설계 활동을 벌인 것으로 밝혀졌다. 이는 박길룡이 조선 최초의 근대 건축가라는 건축계의 통설을 뒤집는 내용이다.

3장 관성의 저항, 남산 풍경

1   과거 조선은 남산을 목멱대왕木覓大王으로 신격화하고 국가 수호와 왕조의 구병救病을 위해 제를 올렸다.

2   을사늑약 이후 공사관은 통감관저가 되고 1910년 경술국치로 통감관저는 총독관저가 된다. 그리고 1939년 경복궁 뒤편(구청와대 위치)에 신총독관저가 완공된다. 광복 후 미군정 시기(1945~1948) 신총독관저는 조선 점령 미군 사령관 하지Hodge, J. R. 중 장의 관저로 사용되었고 제1공화국 출범 후에는 경무대(청와대의 옛 명칭)로 사용되었다.

3   1907년 건립된 남산의 통감부 청사는 1910년 경술국치로 조선총독부 청사가 되었다. 이후 1926년 경복궁 흥례문 구역을 철거하고 신청사를 완공할 때까지 조선총독부로 사용되었고 한국전쟁 때 소실되었다.

4   패전 이전 일제의 국가신토 신사 위계는 다음과 같다. 관폐대사, 국폐대사, 관폐중사, 국폐중사, 관폐소사, 국폐소사. 조선신궁은 본토의 메이지 신궁, 이세신궁과 함께 위계가 가장 높은 관폐대사였다.

5   신토는 고대 일본에서 시작된 종교로 자연과 조상 등 수많은 대상을 신(가미)으로 숭배한다. 신토는 내세관이 없는 일본의 민족신앙으로 종교보다는 전통문화 혹은 사고방식에 가까운 성격을 갖고 있다. 국가신토는 일본제국이 근대화 과정에서 만세일계를 바탕으로 한 황국신민화를 목적으로 토속신앙인 신토를 국가 차원의 종교로

발전시킨 것이다. 국가신토에서 천황은 살아 있는 신이고 신민은 천황에게 충성을 다하는 존재였다. 국가신토는 천황을 정점으로 국민 통합을 도모하는 일종의 민족윤리였다.

6   1960년 4.19혁명이 시작되고 4월 26일 이승만 대통령이 하야를 발표한다. 그리고 약 4개월 뒤인 8월 19일 남산의 이승만 동상이 해체된다. 민중의 분노에도 불구하고 동상 철거가 늦어진 이유는 동상의 무게(규모) 때문이었다. 허정 과도정부는 혁명 후 약 4개월이 지난 시점에 중장비를 동원해 동상을 철거했다.

7   중앙정보부(안기부) 관련 시설은 국가 안보 시설로 분류되어 구체적인 정보를 정확히 알 수 없다. 본문에서 언급한 시설 수는 언론의 보도를 토대로 한다.

8   박정희 정권(국가재건최고회의)은 쿠데타 직후인 1961년 6월 1일 서울 용산구 후암동에 위치한 미군 부대에서 수도방위사령부를 창설한다. 1년 뒤인 1962년 수도방위사령부는 현재의 남산골 한옥마을 위치로 이전한다. 1963년 수도방위사령부는 수도경비사령부로 개칭된다. 제5공화국 시절 수도경비사령부는 수도방위사령부로 재개칭되며 증편된다.

9   1954년 아시아 국가 간 반공 유대를 위해 국제 민간기구인 아시아민족 반공연맹이 창설되었다. 그리고 1956년 한국지부인 한국아시아민족 반공연맹이 발족했다. 이후 한국아시아민족 반공연맹은 1963년 근거법 제정으로 법정 단체인 한국반공연맹으로 발전하였고 1989년 근거법의 폐지와 제정으로 한국자유총연맹이란 이름으로 바뀌었다. 참고로 현재 남산 자유센터의 소유주는 한국자유총연맹이다.

10   자유센터 개관(1964) 당시 국제자유회관은 자금 부족으로 골조만 완성된 채 방치되었다. 이후 국제관광공사가 회관을 인수, 1967년 타워호텔로 개관했으나 경영난으로 민간에게 호텔을 매각했다. 이후 1969년 타워호텔은 218실 규모로 재개관했고 같은 해 부속 시설인 타워호텔 해피홀(연회장)이 준공되었다. 타워호텔은 2007년 영업을 종료했고 리모델링을 거쳐 2010년 지금의 반얀트리호텔로 변신했다.

11   이화여자대학교 건축학과 임석재 교수의 표현과 주장을 차용했다.

12   남산 제 모습 찾기는 노태우 대통령이 지시하고 서울시가 주도했다. '남산 제 모습 찾기'는 1990년 시민위원회 발족을 시작으로 1991년에 기본 계획이 수립되었고 1992년에는 '남산 제 모습 가꾸기'로 명칭이 변경되었다. 명칭 변경 이유는 '제 모습'이 일제강점기 전의 모습을 의미하는지가 불분명하였기 때문이다. 정확히 무엇을 의미하는지에 대한 정의 또는 합의가 없었던 것이다.

13   서울시는 1991년부터 1998년까지 남산 일대의 군부대 52개 동, 외인아파트 2

개 동, 외인주택 50개 동, 개인 단독주택 16개 동을 철거하였다. 이 중 외인주택 50개 동은 1957년 대한주택공사가 지은 것으로 주한 외교관들을 대상으로 한 임대주택(단독주택)이었다.

14 한국 현대건축에 있어서 아파트의 양적 존재감은 절대적이나 그것이 문화유산으로 인식되는 경우는 거의 없다. 짧은 역사와 미적 측면을 생각하면 이해할만한 일이다. 하지만 아파트 없이는 우리네 주거사를 이야기할 수 없다. 그렇다면 멸종 위기의 과거형 아파트는 보존해야 한다. 다만 아파트의 경관적 해악을 고려할 때 보존 대상의 특징을 잘 드러내는 일부만 보존하는 것이 바람직할 것이다. 이것이 아파트 보존 문제를 바라보는 필자의 기본 시각이다.

15 남산맨션(1972)은 건축물대장상 관광호텔이다. 정확한 이유와 경위는 여전히 미스터리지만 관광호텔로 허가 받아 아파트로 분양했고 준공 후 관광호텔로 준공 승인을 받았다.

16 1991년 서울시는 남산맨션 철거 계획 방침과 함께 현금 보상을 결정했다. 이후 남산맨션은 철거 대상에서 제외됐다.

17 2020년 10월 리서치 기관 ㈜엠브레인퍼블릭이 실시한 조사에 따르면 답변자의 66.7퍼센트가 선호 주거 유형으로 아파트를 꼽았다. 만 19세 이상 남녀 700명이 대상이었고, 〈2020 인구주택총조사〉를 계기로 통계청이 외뢰하여 진행되었다.

18 호텔신라는 2020년 7월 한옥 호텔 착공에 들어갔으나 코로나19에 따른 경영 위기로 공사를 잠정 중단했다. 2022년 12월 현재 공사 재개 전망도 있지만 공시된 바는 없다.

19 공개된 한옥 호텔 조감도를 보면 전통 한옥과는 거리가 있어 보인다. 보통 전통 한옥은 자연 지형에 순응하며 모서리가 열린 마당을 갖는다. 반면 조감도상 한옥 호텔은 자연 지형을 큰 기단으로 극복하고 연속된 폐쇄형 마당을 갖는 것처럼 보인다. 배치만 보면 중국의 전통건축인 사합원에 가까운 모습이다. 전통한옥에도 폐쇄형 마당을 갖는 ㅁ자형 가옥이 있으나 연속된 폐쇄형 마당을 갖는 경우는 찾기 힘들다.

20 신라호텔에서 약 1200평 규모의 호텔 출입로를 서울시에 기부 채납할 예정이다.

21 현재 힐튼호텔의 용적률은 350퍼센트다. 양동 도시정비형 재개발구역 정비계획 변경(결정) 및 지형도면 고시(서울특별시고시 제2020-32호)에 따르면 힐튼호텔 부지의 건폐율은 60퍼센트 이하(심의 통해 완화 가능), 용적률은 600퍼센트(기준)에서 800퍼센트(허용) 이하, 높이는 90미터 이하로 제한된다.

22 예를 들어 노보텔 앰배서더 서울 동대문 호텔&레지던스와 서울 드래곤시티 호텔(그랜드 머큐어, 노보텔 스위트, 노보텔, 이비스 스타일)의 경우 동이 분리되어 있다. 전자는 호텔과 레지던스로, 후자는 브랜드 기준으로 분리되어 있다.

23 힐튼호텔 재건축 추진 시 허용용적을 극복하고 적극적으로 공공성을 확보하기란 쉽지 않을 것이다. 공공성은 통경축이나 공공 보행 공간 같은 비움을 바탕으로 확보되는데 허용용적이 크면 대지를 적극적으로 비우기 어렵기 때문이다. 게다가 호텔을 포함한 대규모 복합개발사업은 호텔 객실동이 보통 장방형인 탓에 더욱 그렇다. 그렇다고 공공성 확보가 불가능하다는 이야기는 아니다. 공공성은 건물 폭원 제한 같은 관련 지침에 의해 어느 정도 확보될 것이다. 하지만 높은 용적률로 그 한계가 명백할 것이다.

그렇다면 인허가 단계에서 적극적으로 공공성을 확보하는 것은 가능한 일일까? 힐튼호텔의 재개발 규모를 추정해보면 해당 건축 계획은 서울시 건축심의 및 경관심의 대상이 된다. 그렇다면 해당 심의 위원회는 심의 기준에 따라 역사 경관 존중과 보행권 확보 같은 공공성 확보 측면에서 건축 계획을 심의할 것이다. 하지만 허용용적(자본의 논리)과 상충할 정도로 사업자에게 공공성 확보를 요구하기란 현실적으로 쉽지 않을 것이다. 심의의 역할은 기준을 근거로 합리적 계획의 방향을 제시하는 데 있다. 하지만 심의 기준은 취지의 성격이 강하다. 그렇기에 심의는 심의위원의 판단과 해석에 기대는 부분이 많다. 예를 들어 서울특별시 건축물 심의 기준 제12조 주변 환경, 건축물과의 조화 2항 '건축물의 저층부 및 고층부는 주변과 조화를 이룰 수 있는 디자인으로 계획한다'를 보자. 여기서 '주변과의 조화' 여부 판단은 심의위원 개인의 몫이다. 종합해보면 심의 단계에서 건축 계획의 공공성 확보를 적극적으로 요구하는 것은 기대하기 어렵다.

참고로 힐튼호텔 재개발 건축 계획이 서울시 건축심의 및 경관심의 대상이 될 것으로 예상하는 이유는 다음과 같다. 개발 규모가 21층 이상이거나 관광숙박시설, 판매시설 등의 용도 중 어느 하나에 해당하며 연면적 합계가 10만 제곱미터 이상이면 건축심의 대상이다. 그리고 역사 도심과 중점 경관 관리구역에 속하는 대지에 5층 이상의 건축물을 신축하는 경우에도 경관심의 대상이다.

24 삼일빌딩은 지하 2층부터 지상 7층 바닥까지 철근콘크리트 구조이며 지상 7층부터 31층까지 철골철근콘크리트 구조다.

25 커튼월curtain wall 방식이란 건물의 하중을 기둥과 보 같은 구조체가 지탱하고 외벽은 하중을 부담하지 않는 방식을 말한다. 우리가 흔히 고층 빌딩에서 보는 것처럼

구조체 외부에 유리나 금속 같은 외피 재료를 부착하는 방식을 이야기한다.

26　서울시 도시계획조례와 종로 2, 3가 지구단위계획에 따르면 삼일빌딩을 철거하고 신축할 경우 건폐율 60퍼센트, 최대 허용 용적률 600퍼센트, 최고 높이 70미터의 규제를 받는다.

27　삼일빌딩의 새로운 소유주가 용적의 논리로만 리모델링을 택한 것은 아니다. 소유주는 삼일빌딩이 근대건축 유산이라는 사실 또한 숙고했다. 하지만 이러한 문화적 숙고가 리모델링을 택한 결정적 이유는 아니었을 것이다. 이러한 추론의 근거는 다음과 같다. 삼일빌딩은 국가 혹은 서울시 등록문화재가 아니다. 다만 서울시 미래유산(2013년 선정)과 서울시 역사 도심 기본계획(2015년 수립)상 근현대건축자산일 뿐이다. 미래유산은 재산권 행사에 아무런 제약이 없다. 그리고 역사 도심 기본계획 역시 근현대건축자산의 보존을 유도하는 지침을 제공할 뿐이다. 만약 삼일빌딩을 재건축하는 것이 경제적으로 유리했다면 새로운 소유주는 근대건축 유산이라는 이유로 인허가 과정에 난관이 있었더라도 신축을 추진했을 것이다.

28　김종성(1935~)은 근대건축의 3대 거장(르 코르뷔지에, 미스 반 데어 로에, 프랭크 로이드 라이트) 중 한 명인 미스 반 데어 로에의 유일한 한국인 제자다. 그는 청년 시절 도미해 미스가 교수로 재직하고 있는 일리노이 공과대학에서 유학하고 졸업 후 11년간 미스의 사무실에서 근무했다. 그리고 근무 기간 중인 1966년부터 일리노이 공과대학에서 건축학 교수 생활을 시작했다. 그는 건축학장의 자리까지 올랐지만, 힐튼호텔 건축을 위해 사임하고 활동 무대를 한국으로 옮겼다. 이후 서울건축종합건축사사무소를 개소, 국내에서 다양한 작품 활동을 하며 모더니스트로서(한국 모더니즘의 선두 주자로서) 한국 건축문화에 중요한 발자취를 남겨왔다. 대표작으로는 남산 힐튼호텔(소월로, 1983), 우양미술관(경주, 1991), SK사옥(종로구 서린동, 1999), 서울역사박물관(종로구 새문안로, 2002) 등이 있다.

29　김중업(1922~1988)은 젊은 시절 근대건축의 3대 거장 중 한 명인 르 코르뷔지에의 건축사무소에서 3년 반 동안 근무하고 귀국했다. 이후 그는 김중업건축연구소를 개소해 다양한 작품 활동을 했다. 그는 미스의 시그램빌딩을 모방해 삼일빌딩을 설계했지만, 다른 주요 작품에서는 낭만적 모더니즘의 진수를 보여줬다. 김중업 건축은 낭만적 조형성이 두드러지는, 이성으로 설명이 불가한 시적 울림을 만들어낸다는 평가를 받는다. 대표작으로는 주한프랑스대사관(서대문구 합동, 1961), 서산부인과(현 아리움 사옥, 중구 퇴계로, 1967), 제주대학 본관(1970~1995), 삼일빌딩(청계천로, 1970) 등이 있다.

30　미스 반 데어 로에Ludwig Mies van der Rohe(1886~1969)는 독일 태생의 건축가로 자

국에서 왕성히 활동했었다. 하지만 나치의 정치적 압력으로 1937년 미국으로 이민, 일리노이 공과대학 건축대학의 학장을 맡으며 활동 무대를 옮겼다. 그는 30년간 미국에서 건축가로 활동하다 생을 마감했다.

미스의 건축은 그의 유명한 경구인 "less is more"로 함축된다. 미스는 그의 건축에서 균일한 격자 체계로 균질 공간에서 최소 형식의 구조와 개방성을 통해 공간의 확장성을 만들어냈다. 그리하여 기능의 유연함과 풍경의 풍성함을 담보했다. 이렇듯 미스는 그의 건축에서 최소의 질서 구축을 통해 간결미가 돋보이는 가능태를 만들어냈다. 대표작으로는 판스워스 주택(일리노이주 플라노, 1951), IIT 크라운 홀(일리노이주 시카고, 1956), 시그램빌딩(뉴욕시 맨해튼, 1958), 신국립미술관(베를린, 1968) 등이 있다.

31 시그램빌딩과 삼일빌딩은 표절 논란이 있을 만큼 유사한 모습을 하고 있다. 하지만 이 책에서는 후발 주자가 근대화 과정에서 보여준 건축적 성취와 상징적 의미에 주목했기에 표절 여부에 대해서는 깊이 논의하지 않기로 한다. 필자의 견해를 짧게 밝히자면 김중업이 독자적인 낭만주의 건축 세계를 구축했다는 사실과 당시 한미 간 경제적·문화적 격차를 고려하면, 이 경우는 김중업이 예외적으로 시대정신을 대변하는 선례를 차용한 것이 아닌가 한다. 그렇다면 시그램빌딩에 대한 삼일빌딩의 태도는 표절보다 오마주에 가깝다고 보아야 한다.

32 지정문화재는 국가지정문화재와 시도지정문화재로 나뉘고 등록문화재는 국가등록문화재와 시도등록문화재로 나뉜다. 국가지정문화재의 지정 및 관리 등에 관한 사항은 문화재보호법으로 정하며 시도지정문화재의 동일 사항은 해당 지자체의 조례로 정한다. 국가등록문화재의 등록 기준과 절차 및 관리 등에 관한 사항은 문화재보호법으로 정하며 시도등록문화재의 동일 사항은 해당 지자체의 조례로 정한다.

지정문화재가 강제적 보존 대상이라면 등록문화재는 자율적 보존 대상이다. 등록문화재 제도는 근현대 문화유산의 보존 및 관리를 목적으로 도입되었다. 지역적 가치, 시대적 가치, 역사·문화·예술·생활 등 각 분야의 가치를 지닌 대상이 등록문화재 대상이다. 2001년 국가등록문화재 제도가 도입되었고 2019년 말 시도등록문화재 제도가 도입되었다.

33 건축물을 국가등록문화재로 등록하려면 건설 후 50년이 지나야 하며 소유자의 동의가 필요하다. 서울시의 등록문화재로 등록하는 경우도 요건은 동일하다.

34 뉴욕시는 1965년 랜드마크 보호법Landmarks Preservation Law을 제정했다. 이 법은 뉴욕 맨해튼 중심의 펜실베이니아역 철거를 계기로 제정되었다. 1910년 완공된 펜실베이니아역은 보자르 양식의 웅장한 기념비적 건축물이었다. 하지만 건축계를 중심으

로 한 반대에도 불구하고 1963년 개발을 위해 철거되었다. 그리고 그 자리에 실내경기장인 매디슨스퀘어가든Madison Square Garden과 오피스빌딩이 들어섰다.

35 2005년 7월 28일 국가등록문화재 등록 신청 시 제출 서식에 소유자 동의서를 첨부하도록 문화재보호법 시행규칙이 개정되었다.

36 2005년 말 기준 문화재 등록 예고 기간에 근대건축물이 훼손, 철거된 사례는 191건이다.

37 국가등록문화재로 등록된 건축물을 철거하거나 외관 면적의 4분의 1 이상을 변경하려면 해당 지자체장에게 신고해야 한다. 신고를 받은 지자체장은 신고사항을 문화재청장에게 보고하여야 하며 문화재청장은 신고된 국가등록문화재의 현상 변경에 관해 지도·조언 및 권고 등(행정지도)을 할 수 있다. 단, 건폐율이나 용적률 완화의 특례를 적용받은 경우나 공공소유(국가 혹은 지자체)의 등록문화재이거나 국가로부터 보조금을 지원받은 경우 문화재청장의 허가를 받아야 한다.

서울시 등록문화재로 등록된 건축물을 철거하거나 외관 면적의 4분의 1 이상을 변경하려면 관할 구청장에게 신고해야 한다. 신고를 받은 구청장은 신고사항을 시장에게 보고하여야 하며 시장은 신고된 등록문화재의 현상 변경에 관해 지도·조언 및 권고 등(행정지도)을 할 수 있다. 단, 건폐율이나 용적율 완화의 특례를 적용받은 경우나 공공소유(국가 혹은 지자체)의 등록문화재이거나 시로부터 보조금을 지원받은 경우 시장의 허가를 받아야 한다. 참고로 행정지도는 해당 법령에서 별도로 그 성격을 규정하지 않는 한 상대방의 동의나 협력을 전제로 하는 비권력적 사실행위에 속한다. 강제성이 없다는 말이다.

38 서울시 역사 도심 기본계획(2015)상 근현대건축자산으로 분류된 건축물은 철거 시 허가를 득해야 한다. 하지만 해당 내용은 보존을 위한 철거 불허로 발전되지 못했다. 만약 본문에서 제시한 보존 가치 검토 의무제를 도입한다면 역사 도심 기본계획상 근현대건축자산으로 분류된 건축물은 건축적 특징을 고려하여 전체 혹은 부분 보존을 의무화하고 그 외 건축물은 보존 가치를 검토해야 할 것이다.

39 경제적 보상 방안을 인센티브로 표현한 이유는 이를 공공의 가치를 위해 사익을 제한할 수 있다는 당위성을 넘는 보상으로 볼 수 있기 때문이다. 참고로 현행 등록문화재 제도에도 경제적 보상 성격의 인센티브가 없는 건 아니다. 국가등록문화재 혹은 시도등록문화재인 건축물이 있는 대지에 적용되는 건폐율과 용적률은 문화재의 구조, 특성 및 주변 경관을 고려하여 해당 용도지역 기준 건폐율과 용적률의 150퍼센트 내에서 완화할 수 있다. 세부 비율은 해당 지방자치단체의 조례로 정한다. 하지만 소

유주가 이러한 특례를 잠재적 개발이익에 대한 보상으로 인식하기는 매우 어려울 것으로 판단된다. 특례를 적용받는 대신 문화재 활용에 제약을 받을 수 있으며 이는 곧 개발에 걸림돌로 작용할 수 있기 때문이다.

40　사전적 정의에 따르면 근현대건축 유산 보존 정책 역시 정치의 영역에 속한다. 하지만 사회에서 통용되는 정치의 의미를 고려하여 '문화'로 분리해 서술하였다.

41　힐튼호텔 매각 소식이 전해지고 현대건축 유산 철거에 대한 문제점을 지적하는 다음과 같은 건축계의 움직임이 있었다. 비공개 포럼 〈건축가 김종성과 건축적 유산〉(2021년 11월), 2022 근대도시 건축 디자인공모전 〈남산 힐튼호텔, 모두를 위한 가치〉(2022년 3월), 《월간 SPACE(공간)》〈건축유산이 철거에 직면할 때〉(2022년 3월호).

42　마스터리스master lease는 특정 임차인 혹은 전문 업체가 건물 전체를 장기 임차한 후 이를 재임대해 관리하는 것을 말한다.

4장 미약한 행보, 광화문 풍경

1　이러한 견해는 전적으로 이기봉 박사의 저서 《임금의 도시》에 기반을 둔다.

2　경희궁이 해체되기 시작한 건 경복궁 중건 시기인 1867년부터다. 경복궁 중건 당시 상당수의 전각을 해체하여 건축자재로 사용했기 때문이다. 일제강점기 경희궁은 본격적으로 해체됐고 이후 거의 회복되지 못했다.

3　일제강점기 조선총독부와 총독부의 통제를 받는 관변단체가 총 아홉 차례의 박람회를 경성에서 개최하였다. 경복궁에서 열린 박람회는 조선물산공진회(1915), 조선부업품공진회(1923), 조선가금공진회(1925), 조선박람회(1926. 1929), 조선산업박람회(1935)였다. 경복궁 외의 장소에서 열린 박람회는 경성부청사(현 서울도서관)에서의 조선산업박람회(1927), 경성훈련원에서의 신흥만몽박람회(1932), 동경성역(현재의 청량리역)에서의 조선대박람회(1940)였다. 아홉 차례의 박람회 중 100만 명이 넘는 관람객이 다녀간 것은 조선물산공진회(1915), 조선박람회(1929), 조선대박람회(1940)였다.

4　조선총독부 청사의 위치 선정은 다양한 요인을 고려한 도시계획적 결정이라는 반론도 있다. 하지만 정략적 위치 선정이라는 주장이 널리 받아들여지고 있는 것이 현재까지의 상황이다.

5　김영삼 정부는 광복 50주년 기념 경축식을 통해 구조선총독부의 첨탑을 제거했다. 이것은 국민적 축제로 기획된 정치적 스펙터클이었다. 이 경축식의 슬로건은 '광

복의 힘찬 함성 신한국의 원동력'이었다. 김영삼 정부는 경축식을 통해 과거 청산(민족주의의 회복)과 새 출발(신한국 창조)이라는 속 시원한 메시지로 정권의 집권 정당성을 어필했다.

6 김영삼 대통령은 1993년 4월 1일 문화체육부 업무 보고에서 조선총독부 철거 의지를 공식 표명하고 같은 해 8월 8일 비서실장에게 조선총독부 철거를 지시했다.

7 3장의 주석 2를 참조하길 바란다.

8 일제강점기의 친일 반민족행위자를 조사하기 위해 1948년 결성된 반민특위는 1949년 반대 세력의 방해로 해체되었다.

9 조선총독부(국립중앙박물관) 철거에 대한 본격적인 정부 논의는 1990년대 초에 시작되었다. 이와 관련한 당시의 여론조사 보도 내용을 보면 기사의 정확성이 의심되고 결과가 조작되었다는 주장도 있어 단언하기는 어렵지만, 국민 정서는 대체로 철거에 찬성했던 것으로 보인다. 당시 여론조사에 관한 보도 내용은 다음과 같다(보도매체/시기/대상/조사기관/결과).

KBS/1991.6.13./서울시민 중 전문가 400명, 일반 시민 600명/코리아리서치/철거 혹은 이전 찬성 70%

MBC/1991.6.13./서울시민 중 전문가 600명, 일반 시민 401명/문화부/철거 혹은 이전 찬성 전문가 77%, 일반 시민 65%

부산일보/1991.8.19./제주도 제외 전국 20세 이상 성인 1500명/한국갤럽/철거 찬성 24.5%, 철거 반대 56.4%

한국경제/1993.8.10./시민 1500명/청와대/철거 찬성 51.4%, 철거 반대 31%

10 전쟁이나 식민지 역사처럼 부정적인 집단 기억을 품은 문화유산을 말한다.

11 언어 말살처럼 기존 문화(정체성)가 축출되는 경우와 지속해서 기존 문화에 부정적 영향을 미치는 경우를 제외하면 이 땅에 유입된 문화는 속지주의적 태도로 수용해야 한다. 필자는 그것이 가장 문화적인 태도라고 생각한다.

12 대만의 인구는 원주민과 본성인本省人 그리고 외성인外省人으로 구성된다. 2015년 기준 원주민은 전체 인구의 2퍼센트에 불과하며 본성인은 84퍼센트, 외성인은 14퍼센트를 차지한다. 본성인은 한족으로 명청 시대에 대만으로 이주한 사람들을 지칭하며 외성인은 장제스가 이끄는 국민당과 함께 대만으로 이주한 사람들을 지칭한다.

13 영국의 식민 지배 시절인 1930년대에 행정 중심 도시 성격의 신수도 뉴델리가 완성된다. 그리고 중심축에 해당하는 라즈파스대로의 시작점에 인도 총독궁(1930)이 들어선다. 이후 1950년 인도공화국이 수립되고 총독궁은 인도의 대통령궁이 된다.

14 싱가포르가 정식으로 대영제국의 식민지로 편입된 1867년 싱가포르 리버 인

근에 총독부 청사가 들어선다. 이후 싱가포르는 1959년 자치주로 독립했고 옛 총독부 청사는 1980년대 후반까지 관청 건물로 사용되었다. 현재는 아시아문명박물관으로 운영 중이다.

15 인도의 식민 통치 기간을 특정하기는 어렵다. 영국이 인도아대륙의 독립 국가들을 점진적으로 지배해나가면서 식민 지배 역사가 시작되었기 때문이다. 다만 영국의 동인도회사가 인도의 영토를 최초로 확보한 1757년을 식민 지배의 시작으로 보는 것이 통상적이기에 식민 지배 기간을 200년으로 서술하였을 뿐이다. 참고로 인도는 제2차 세계대전 종료와 함께 1947년 영국으로부터 독립했고 1950년 인도공화국을 수립했다.

16 인구 10만 명당 공공도서관 수는 한국 2.2곳(2019), 독일 8.6곳(2019), 미국 2.8곳(2018), 일본 2.6곳(2019)이다.

17 광화문광장 재구조화 국제 현상공모 당선작(2019)은 광장 지하를 개발해 광장을 입체적으로 활용하는 내용을 담고 있었다. 하지만 지하 개발은 여러 현실적 우려로 백지화되었다.

18 제2의 반민특위로 불렸던 친일반민족행위진상규명위원회(2005~2009)는 2006년부터 2009년까지 총 세 차례에 걸쳐 1006명의 친일 인사를 발표했다. 민족문제연구소는 2009년 4389명을 친일파로 규정해 수록한《친일인명사전》을 발간했다.

19 2018년 민족문제연구소가 1만 명이 넘는 사람들이 조성한 기금으로 용산에 식민지 역사를 주제로 한 국내 최초의 전문 박물관(식민지역사박물관)을 개관했다.

20 반민특위 청사 터는 반민특위의 기억과 그 터의 내력을 함께 기억하는 장소로 좋은 곳이다. 그 내력은 다음과 같다. 1921년(추정) 남대문통 2정목 9번지(현 남대문로 2가 9번지)에 제일은행 경성 지점이 신축된 이후 1943년 미쓰이 은행과의 합병으로 제국은행 경성 지점이 된다. 광복 후 이를 미군정청 상무부가 점유하고 대한민국 정부 수립 후 반민특위 청사가 된다. 시간이 흘러 1972년 국민은행 본점 신축으로 반민특위 청사로 사용되었던 제국은행 경성 지점은 역사 속으로 사라진다.

21 1968년 '국기에 대한 맹세'가 만들어졌다. 1972년 문교부령으로 전국의 모든 학생은 '국민의례'에서 '국기에 대한 맹세'를 낭송하게 되었다. 이후 국기에 대한 맹세는 시대정신에 부합하지 않는다는 이유로 몇 차례 수정되었고 낭송 역시 선택할 수 있게 되었다. 하지만 국기에 대한 맹세는 여전히 존재한다. 이는 어쩌면 우리 사회가 여전히 국가주의적 국가관으로부터 크게 벗어나지 못했다는 증거일지 모른다.

22 광화문광장 재구조화 주요 추진 일정은 다음과 같다.

2016.9. 광화문광장 개선 방안 공론화를 위한 광화문포럼(외부 전문가 33인, 서울시 14인) 활동 시작

2017.11. 광화문포럼 결과 전문 〈광화문광장 개선의 방향과 원칙〉 공개(최종 결과물)

2018.4. 새로운 광화문광장 조성 기본 계획안(공모 지침) 발표(사실상 광장 재구조화 구조 확정)

2018.7. 광화문 시민위원회(전문가 50인, 시민참여단 170인) 발족

2018.10. 국제 설계 공모 공고

2019.1. 국제 설계 공모 당선작 발표

2019.9. 국제 설계 공모 당선안(서측 편측광장+사직로 우회) 전면 재검토 시작

2019.12. 서울시 시민의식 조사 결과 전면 보행화 70% 공감(조사 방식 논란 있었음)

2020.2. 단계적 전면 보행화 추진 발표, 사직로 유지 결정

2020.11. 서측 편측광장 공사 시작, 동측 차로 확장 공사 추진

2021.3. 동측 차로 확장 공사 완료

2021.6. 광화문광장 보완 발전 계획 발표(경복궁 앞 월대 복원 및 사직로 U자형 변형, 발굴된 유구 원형 보존 현장 전시)

2022.8. 광화문광장 재개장

2023.12. 월대 복원 완료 예정

23 전기차 시대의 도래를 목전에 둔 상황에서 환경문제 해결을 위해 자가용 이용을 억제하는 것은 유효한가? 결론부터 말하면 '그렇다'. 그 이유는 다음과 같다. 첫째, 생산-사용-폐기의 전 과정을 고려할 때 전기차 역시 내연기관차 기준 30~70퍼센트 정도 수준의 이산화탄소를 배출할 것으로 예상된다. 둘째, 기보급된 내연기관차가 사라질 때까지 상당한 시간이 소요될 것으로 보인다. 그렇다고 내연기관차만 운행을 금지할 수는 없다. 기후 위기 문제의 시급성을 고려할 때 전기차 보급에 대한 기대로 자가용 이용량을 유지하는 것은 옳지 않다.

24 광화문광장 조성 2차 토론회(2019.11.)에서 지하 차도 없이 전면 보행 광장을 조성하자는 의견이 나왔다.

25 차도의 임시 통제는 시민들에게 차도를 유유히 걸을 수 있는 자유와 일상을 일탈의 형식으로 누리는 즐거움을 선사할 것이다. 그러므로 차량 통제 실험이 영구 전환으로 결론 나지 못한다 해도 시민을 위한 이벤트로써 그 가치가 충분할 것이다.

26 보행 중심 도시로의 전환에 있어 가장 큰 장애물은 자연화된(체화된) 자가용 이용 권리다. 광화문광장의 시험 운영은 자가용 이용 권리에 대해 다시 생각해보는 계기가 될 수 있다. 다음 인용은 우리 사회에 뿌리내린 자가용 이용 권리를 잘 설명해준다. "일반적으로 개발도상국은 철도나 자동차를 좋은 이동 방식으로 재현하고 선진국은 걷기를 좋은 이동 방식으로 재현한다. …… 한국에선 자동차가 왕이다. 자동차 권력이

너무 심하다 보니 그게 권력인지도 모를 지경이다. 이런 현상을 자연화라고 한다. 이데올로기가 상식이 되어버린 것이다. 이성애나 가부장제처럼 말이다." (정지돈, 〈정지돈의 스페이스 (논)픽션: 8. 내 모터를 통해 나는 더 이동적이 될 것이다〉, 《월간 SPACE(공간)》 2021년 8월호).

27　광장에 통과교통(대중교통)이 필요하다면 어떤 교통수단이 최적일까? 트램이 제일 것이다. 경로(전용선로)와 속도(저속)가 일정한 트램은 보행자에게 위협이 되지 않는다. 보행자가 경로와 속도를 예측할 수 있기 때문이다. 광화문광장 역시 통과교통이 필요하다면 트램이 제격일 것이다. 하지만 예산과 기존 버스 시스템과의 연계 등을 고려할 때 트램 도입은 타당성이 떨어지는 대안이다. 그렇다면 트램의 성격을 닮은 중앙버스전용차로를 광장에 응용, 도입하는 것도 방법이다. 광장 바닥에 버스전용차로를 표시하고 운행속도를 시속 10km/h 이하로 제한한다. 그러면 보행자가 버스의 속도와 경로를 예측할 수 있어 위협을 느끼지 않을 것이다. 전기 굴절버스까지 도입하면 전차의 장점인 친환경성과 수송량까지 확보할 수 있을 것이다.

28　보행 중심 도시 만들기의 목표는 자가용 이용의 감소다. 도시는 이 목표를 달성하기 위해 자가용 이용을 통제하고 억제하는 정책과 편리한 대중교통 그리고 매력적인 보행 환경이라는 삼박자를 갖추어야 한다. 매력적인 보행 환경을 완성하기 위해서는 공공디자인urban design이 필요하다. 매력적인 보행 환경은 거시적으로는 도시계획의 영역에, 미시적으로는 공공디자인의 영역에 있다. 광화문광장은 이 모든 것을 보여주는 모범 사례가 되어야 한다.

5장 머나먼 여정, 사대문 도심의 정체성 회복

1　필자의 주장은 역사도시 보존 방식의 국제적 추세를 바탕으로 한다. 이 추세에 관해서는 2011년 유네스코가 공표한 〈역사 도시 경관에 관한 권고문UNESCO Recommendation on the Historic Urban Landscape〉을 참고하길 바란다. 권고문은 역사 도시를 경관의 개념으로 접근, 면적 차원에서 현재를 유연하게 담아내야 한다고 이야기한다. 다시 말해 문화유산을 중심으로 역사 경관의 분위기를 유지하며, 생활과 경제활동을 포함한 문화 풍경까지 총체적으로 보존해야 한다는 것이다. 한 마디로 하드웨어와 소프트웨어 경관을 총체적으로 관리해야 한다는 것이다.

2　2003년 베이징 역사문화명성보호계획이 수립되었다. 이 계획은 북경 구성을 총체적으로 보호하는 것을 원칙으로 하며 구체적으로는 개별 문화재의 보호부터 도시

중축선과 수계의 보호, 건축물의 높이 제한과 옛 가로망과 골목길의 보호에 이르기까지 다양한 지침을 담고 있다.

3 서울 중심상업지역과 일반상업지역의 실현 용적률은 2010년 기준이다. 용적률은 대지 면적에 대한 건물의 지상 바닥 면적 합계 비율이다.

4 서울시 면적은 605.2제곱킬로미터이고 사대문 도심 면적은 17.9제곱킬로미터이다.

5 자연화된 개발주의 시각은 개발이 곧 발전이고 권리라고 보는 우리 사회의 이데올로기로 자리 잡은 시각을 말한다. 이는 필자가 경험적으로 해석한 우리 사회를 보는 시각이다.

6 가로구역은 도로로 둘러싸인 일단의 지역을 말한다.

7 인간적 척도로 느껴지는 건물의 크기는 성별과 직업 등의 사회적 그룹에 따라 그리고 건물의 용도에 따라 다소 차이가 있지만, 높이의 경우 보편적으로 20미터를 그 한계로 본다.

8 서울시 조례상 역사문화미관지구의 층수는 4층으로 제한되나 6층으로 완화 가능하다.

9 서울시는 2007년 역사 경관 보호 차원에서 계동 현대건설 사옥을 포함, 경복궁과 창덕궁 사이의 13만 5000제곱미터 역사문화미관지구(북촌마을지구)로 지정했다. 이에 현대자동차 주식회사 외 3인[소송대리인 법무법인 (유) 태평양 담당변호사 곽01 외 3인]이 서울특별시장[소송대리인 법무법인 대성 담당변호사 박01]을 상대로 도시관리계획 변경 결정 취소 소송을 제기했고 1심, 2심을 거쳐 대법원까지 갔지만 2010년 최종 패소했다. 소송인은 행정소송에서 패소한 뒤 행정소송의 근거가 된 '국토의 계획 및 이용에 관한 법률 제37조 제1항 2호' 등에 대해 헌법소원을 제기했으나 2012년 재판관 전원 일치로 헌법재판소에서 합헌 결정을 내렸다.

10 광화문광장 주변 건축물에 대한 형태 및 외관 지침이 없는 것은 아니다. 세종로 지구단위계획(2013)과 역사 도심 기본계획(2015)을 보면 역사 경관을 고려한 해당 지침이 있다. 하지만 그 내용이 구체적이지 않거나 권장사항에 그쳐 한계가 명백하다.

11 우리는 공동체의 삶과 문화의 질을 확보하기 위해 규칙을 정해 도시를 관리한다. 건물의 용적을 제한해 생활 밀도를 조율하고 전통건축 보존을 강제하여 역사문화를 보존하는 것이 그 예다. 그리고 이러한 규칙은 개인의 재산권보다 상위에서 작동한다. 물론 반발도 가끔 표출되지만 이러한 규칙이 작동하는 건 암묵적인 공감대가 뒷받침되기 때문이다.

참고문헌

도서

이기봉 지음,《임금의 도시: 서울의 풍경과 권위의 연출》, 사회평론, 2017.

신영훈 지음,《한국의 살림집: 한국전통민가의 원형연구》(상, 하), 열화당, 1983.

김경민 지음,《건축왕, 경성을 만들다: 식민지 경성을 뒤바꾼 디벨로퍼 정세권의 시대》, 이마, 2017.

토드 A. 헨리 지음, 김백영 · 정준영 · 이향아 · 이연경 옮김,《서울, 권력 도시: 일본 식민 지배와 공공 공간의 생활 정치》, 산처럼, 2020.

김동욱 지음,《한국건축 중국건축 일본건축: 동아시아 속 우리 건축 이야기》, 김영사, 2015.

SK D&D(주), (주)KCC건설. (2021). 3.1.빌딩 리모델링.《》

세라 W. 골드헤이건 지음, 윤제원 옮김,《공간 혁명: 행복한 삶을 위한 공간 심리학》, 다산사이언스, 2019.

리처드 니스벳 지음, 최인철 옮김,《생각의 지도: 동양과 서양, 세상을 바라보는 서로 다른 시선》, 김영사, 2004.

임지현 지음,《민족주의는 반역이다: 신화와 허무의 민족주의 담론을 넘어서》, 소나무, 1999.

논문

강혁, "김수근의 자유센터에 대한 비평적 독해",《건축역사연구》, Vol. 21, No.1. 2012.

김경은, "민주화 이후 핵심행정부의 의사결정: 조선총독부 건물 철거 사례 분석",《행정논총》, Vol. 56, No. 4. 2018.

박선희, "조선시대 가옥규제 및 풍속",《한국주거학회논문집》, 제1권, 제2호. 1990.

하상복, "의제형성agenda-building의 정치학: 구 조선총독부 건물 철거과정의 분석",《현대정치연구》, Vol. 4, No. 1. 2011.

손은신 · 배정한, "근대 역사 경관의 보존과 철거: 구 조선총독부 철거 논쟁을 사례로",《한국조경학회지》, Vol. 46, No. 4. 2018.

임승빈, "인간적 척도의 기준에 관한 연구: 인간적 척도의 지각A Study on the Perception of Human Scale",《대한건축학회논문집》, 제5권, 제1호. 1989.

정석, "중국 북경시 역사도시 보전정책의 특징: '북경 역사문화명성보호계획(2003)'을 중심으로",《서울도시연구》, 제9권, 제4호. 2008.

진광선, "[해외동향] 보행 친화 도시를 향한 바로셀로나의 노력과 시사점",《건축과 도시공간》, Vol. 30, 2018.

채혜인 · 박소현, "문화유산 국제보존원칙에서 나타난 역사도시경관의 보존개념",《대한건축학회논문집》, Vol. 31, No. 2. 2015.

Talhelm, T., Zhang, X., Oishi, S., Chen, S., Duan, D., Lan, X., & Kitayama, S., "Large-Scale Psychological Differences Within China Explained by Rice Versus Wheat Agriculture", *Science*, Vol. 344, No. 6184, 2014.

언론보도

고성민, "[한국아파트 60년]⑦ 유일한 남산공원 속 아파트 '남산맨션'… 건축물대장은 호텔인 미스터리",《조선비즈》, 2021.7.23.

김정현, "대법원 '현대 계동 사옥 높이 제한 적법'",《국민일보》, 2010.8.10.

서영애, "겉모습 가꾸기에 치중한 '미완의 복원'",《한겨레21》, 791호, 2009.

양효경, "문화재청의 근대 문화재 지정 전에 철거된 스카라극장",《MBC》, 2005.12.9

여춘동, "결합개발 확대적용 고려 사항과 한계수용용량에 관한 실증적 연구",《하우징헤럴드》, 2011.7.25.

연합뉴스, "전통문화 동네, 생태학습장 등 조성",《연합뉴스》, 1991.5.10.

이현주, "'도서관 도시, 서울 만든다' 시립도서관 5개 건립… 3100억 투입(종합)",《아시아경제》, 2019.8.13.

임석재, "독재정권의 개발 빙자한 학대",《한겨레21》, 786호, 2009.

조권형, "[건축과 도시] 남산을 감싸안은 건축...'밀레니엄 서울 힐튼'",《서울경제》, 2016.8.26.

조태진, "헌재, 현대 계동사옥 층고제한 합헌 결정",《아시아경제》, 2012.8.1.

중앙일보, "철거되는 남산아파트 | 현금보상을 실시",《중앙일보》, 1991.8.16.

채윤태, "'광화문 전면 보행 광장'… 서울시, 단계적으로 추진",《한겨레》, 2020.2.14.

한홍구, "제국주의 · 군사독재 흔적 오롯한 '역사 창고'",《한겨레21》, 777호, 2009.

Elvaas, Terje, "How Oslo Reached Vision Zero", *Medium*, 2020.10.15.

O'Sullivan, Feargus, "Barcelona Will Supersize its Car-Free 'Superblocks'", *Bloomberg*, 2020.11.11.

Postaria, Ronika, "Superblock (Superilla) Barcelona—a city redefined", *CITIES FORUM*, 2021.5.31.

보고서 및 고시문

광화문포럼 · 서울연구원, 광화문포럼 결과 전문 및 광화문광장 개선의 방향과 원칙, 2017.

김인희, 시급한 도시계획상의 '개발권 양도제'도입, 서울시정개발연구원, 2008.

서울특별시, [남산 회현자락 한양도성 현장 유적박물관] 설계공모 지침서, 2017.

서울특별시, 도시관리계획(지구단위계획) 결정 (변경)(안) 열람공고(양재지구중심 지구단위계획 구역 외 100개 지구단위계획구역 "건축물의 용적률계획" 결정 변경(안)), 2019.

서울특별시, 역사도심기본계획 보고서, 2015.

서울특별시, 종로 2 · 3가 제1종지구단위계획, 2005.

서울특별시고시 제2013-79호, 도시관리계획(세종로 지구단위계획 구역 및 계획) 결정(변경) 및 지형도면 고시.

서울특별시고시 제2014-398호, 도시관리계획(종로2 · 3가 지구단위계획) 결정(변경) 및 지형도면 고시.

서울특별시고시 제2019-10호, 도시관리계획(종로2 · 3가 지구단위계획) 결정(변경) 및 지형도면 고시.

서울특별시고시 제2020-32호, 양동 도시정비형 재개발구역 정비계획 변경(결정) 및 지형도면 고시.

법령

문화재보호법
문화재보호법 시행령
문화재보호법 시행규칙
서울특별시 문화재보호조례
서울특별시 문화재보호조례 시행규칙
한옥 등 건축자산의 진흥에 관한 법률
한옥 등 건축자산의 진흥에 관한 법률 시행령

웹사이트

국가기록원 archives.go.kr
민족문제연구소 minjok.or.kr
서울역사박물관 서울역사아카이브 museum.seoul.go.kr/archive/NR_index.do
서울특별시 분야별 정보(주택) news.seoul.go.kr/citybuild
서울특별시 서울정책아카이브 seoulsolution.kr
한국학중앙연구원 한민족문화대백과사전 encykorea.aks.ac.kr

기타

정지돈, 〈정지돈의 스페이스 (논)픽션: 8. 내 모터를 통해 나는 더 이동적이 될 것이다〉,
CNB미디어 공간연구소,《월간 SPACE(공간)》 2021년 8월호(No. 645).
EBS 1TV, 〈다큐프라임: 도시예찬 1부, 서울은 정말 과밀할까?〉, 2021.9.13. home.ebs.
co.kr/docuprime/newReleaseView/420?c.page=1